上瘾 02　柏林，生活之所以动人　主编 / 兴晨

PRINT ISSUE

中信出版集团 | 北京

图书在版编目（CIP）数据

上瘾.2, 柏林，生活之所以动人 / 兴晨主编. --
北京：中信出版社, 2019.4
ISBN 978-7-5086-9975-2

Ⅰ.①上… Ⅱ.①兴… Ⅲ.①旅游指南—柏林 Ⅳ.
①K919

中国版本图书馆CIP数据核字(2019)第015915号

上瘾.2， 柏林，生活之所以动人

主　　编：兴晨
出版发行：中信出版集团股份有限公司
（北京市朝阳区惠新东街甲4号富盛大厦2座　邮编　100029）
承 印 者：北京图文天地制版印刷有限公司

开　　本：787mm × 1092mm　1/16　　印　　张：11　　字　　数：120千字
版　　次：2019 年4月第1 版　　印　　次：2019 年4月第1 次印刷
广告经营许可证：京朝工商广字第8087号
书　　号：ISBN 978-7-5086-9975-2
定　　价：49.00元

图书策划 小满工作室
策划编辑 卢自强　责任编辑 黎永娥　营销编辑 杨硕 乔新越
装帧设计 typo_design studio

in_02 _

A Note from the Editor in Chief

卷首语

＊柏林，德国的首都，也是德国最大的城市。这座城市拥有近 350 万常住人口，他们来自 180 多个国家，因此，柏林是一个十分开放的城市。柏林墙倒塌后，虽然新建筑如雨后春笋般纷纷拔地而起，但也有大量废弃工厂、空地和仓库出现，它们由工业场所转变成文艺空间，演变为艺术家的创作园地，滋养了众多先锋艺术者。柏林拥有活跃的现代艺术、闻名于全球的铁克诺音乐（Techno）和夜生活，来自世界各地的常驻民为这座城市带来了丰富多元的生活方式。＊在德国统一后的一段时期里，柏林政府的财政状况一度陷入谷底，公共设施和新机场的修建更加重了柏林的经济负担。在无计可施之际，柏林前市长克劳斯 · 沃维莱特（Klaus Wowereit）提出了著名的城市宣传口号——“柏林贫穷，但性感”。＊“贫穷但性感”无疑是对柏林最贴切的形容。东边画廊、欧洲被害犹太人纪念碑、柏林大教堂等大量历史景点遗留在城市里。性感之处莫过于大街上随处可见的涂鸦、小众商店、隐秘酒吧以及出类拔萃的独立出版机构，还有逛不完的展览和古着店。楼宇庭院深处隐藏着各种小众精品店，它们眼光独特，召集了来自世界各地游走于时尚前沿的买手。＊从北京首都机场飞行近 11 个小时到达柏林泰戈尔机场，飞机落地时已是当地的下午。走出舱门伴着冷空气，满眼萧瑟，也有点儿深沉冷酷，这便成为我对这座城市的第一印象。＊在柏林采编的那段日子正值冬天，天气时常阴郁，偶尔晴天，也赶上过几场大雪。我当时的住处坐落在米特区的亚历山大广场，房间的窗户正对着柏林最高建筑物——柏林电视塔。在这核心区域，可徒步到达柏林大教堂、博物馆岛、哈克市场和勃兰登堡门等。探索与感受一座城市，走路再合适不过。＊当你来到查理

柏林墙碎片 Berlin Wall

1989 年 11 月 9 日，东德政府宣布允许公民申请访问联邦德国，当晚，柏林墙在东德居民压力下被迫开放。此事件被称为“柏林墙倒塌”。柏林墙被拆除后，拆下的墙体建材被加工成纪念品。

小绿人和小红人 Ampelmann
交通信号灯小人由道路心理学家卡尔·佩格劳（Karl Peglau）于 1961 年设计，德国统一后，在一片反对声中被保留下来，现今成为柏林极具历史意义的形象标志之一。

in_02 _

A Note from the Editor in Chief

卷首语

检查站，不妨去西柏林咖啡店（westberlin）坐一坐，听一听老板讲述自己父母的爱情故事；如果吃腻了德国的食物，不妨去素食餐厅 factory girl 吃一碗“日本面条”，一定要喝一杯特调店饮“薄荷柠”；如果你想在历史气息浓厚的环境中喝杯咖啡，那么去 ORA——由拥有 150 年历史的药房改建而成的咖啡馆；还可以去金矿咖啡馆（Bonanza Coffee）、谷仓咖啡（The Barn）、五只大象（Five Elephant）这些咖啡馆，感受咖啡中的柏林精神；到文化机构柯尼格画廊和 C/O 柏林展览馆，可以饱览德国前沿的艺术作品；你若是买杂志和独立出版物上瘾，那么“Do You Read Me?!”、苏打（Soda）这两家书店不会让你失望，且不会让你空手而归；在莫托书店（Motto），可以买到全球范围内最小众的书籍，运气好的话可以买到已经绝版的书！ ＊去德国首屈一指的生活方式集合店安德烈亚斯 · 穆尔库迪斯（Andreas Murkudis）和 VOO，可以感受柏林的时尚气息……＊如果一座城市因为生活在这里的人而生动，那么柏林从来不缺有趣的人。＊每次到欧洲，我都以上街寻找中餐馆为乐趣。珊珊小屋（Cafe Bar Restaurant Shan Shan）是其中一家。店面不大，外观和室内与别家中餐馆并无太大区别，主打淮扬菜和北京家常菜。“珊珊”是老板的太太的名字，一家人来柏林生活是为了陪儿子进行小提琴深造，孩子学成之后时常在柏林爱乐厅演出。我通过在柏林定居的朋友得知，这家店虽然看着普通，却在文学界、音乐界非常有名。一些音乐家、画家、诗人，甚至诺贝尔文学奖获得者常常光顾此地。老板自己对此却一无所知。再比如另一家中餐厅梦回唐朝（Grand Tang），老板虽已定居柏林多年，口音中还是有浓重的“京腔”。餐厅主打川菜，火锅、麻辣小龙虾等经典菜品应有尽有。殊不知这家街边店的合伙人之一是欧洲打击乐比赛的冠军。＊就像本书中所说，“你去一家咖啡店，老板的职业可能是个室内设计师，在里面打工的服务员可能是个哲学系的学生”。诸如此类的故事，每天都在柏林上演。＊在过去几年里，柏林在餐饮和设计集合店铺领域取得巨大发展，很多新型餐厅、酒吧和概念店陆续开放。在这座城市的发展历史中，发生了太多重要转折和变化，很多人的生活方式和价值观也已经在变化中变得包容、自由。柏林是新概念和创新想法的完美试验田。＊“我爱这座城市，一如它的原貌，它的优点、它的缺点、它的粗糙、它的美好，这些都将留存。”＊柏林，正焕发着新的魅力。

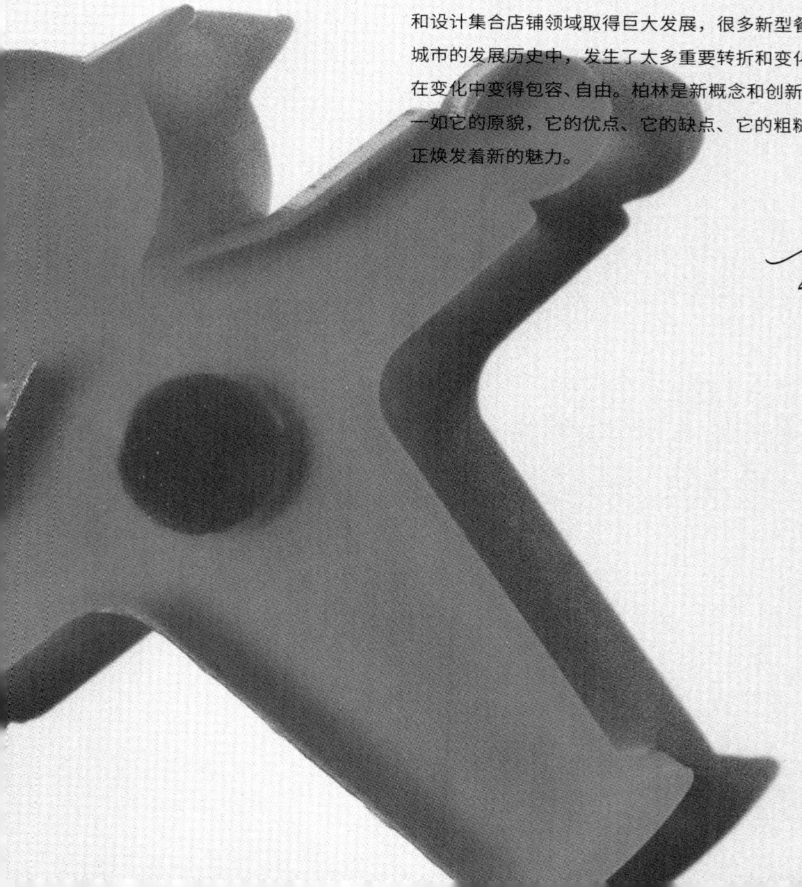

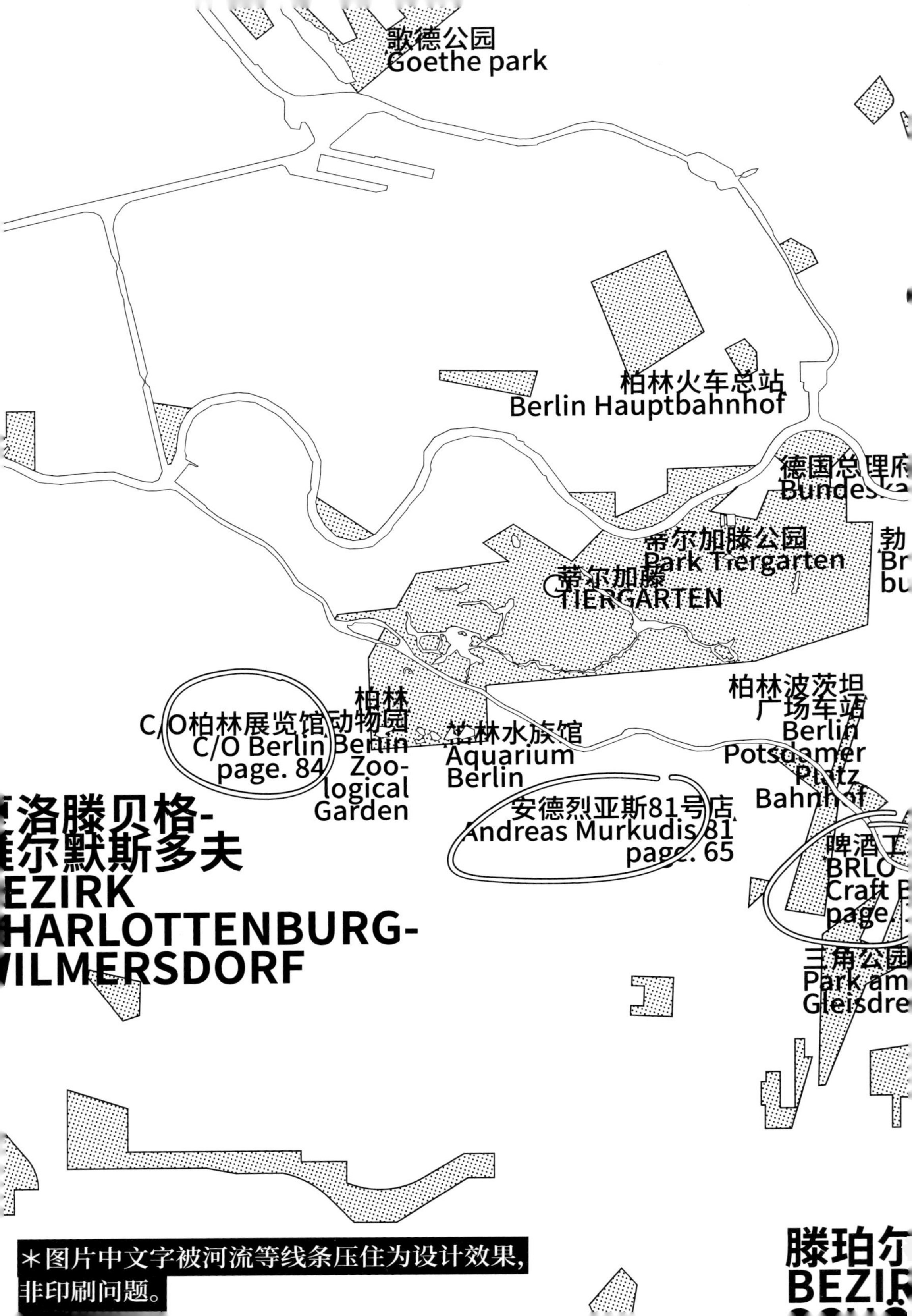

*图片中文字被河流等线条压住为设计效果，非印刷问题。

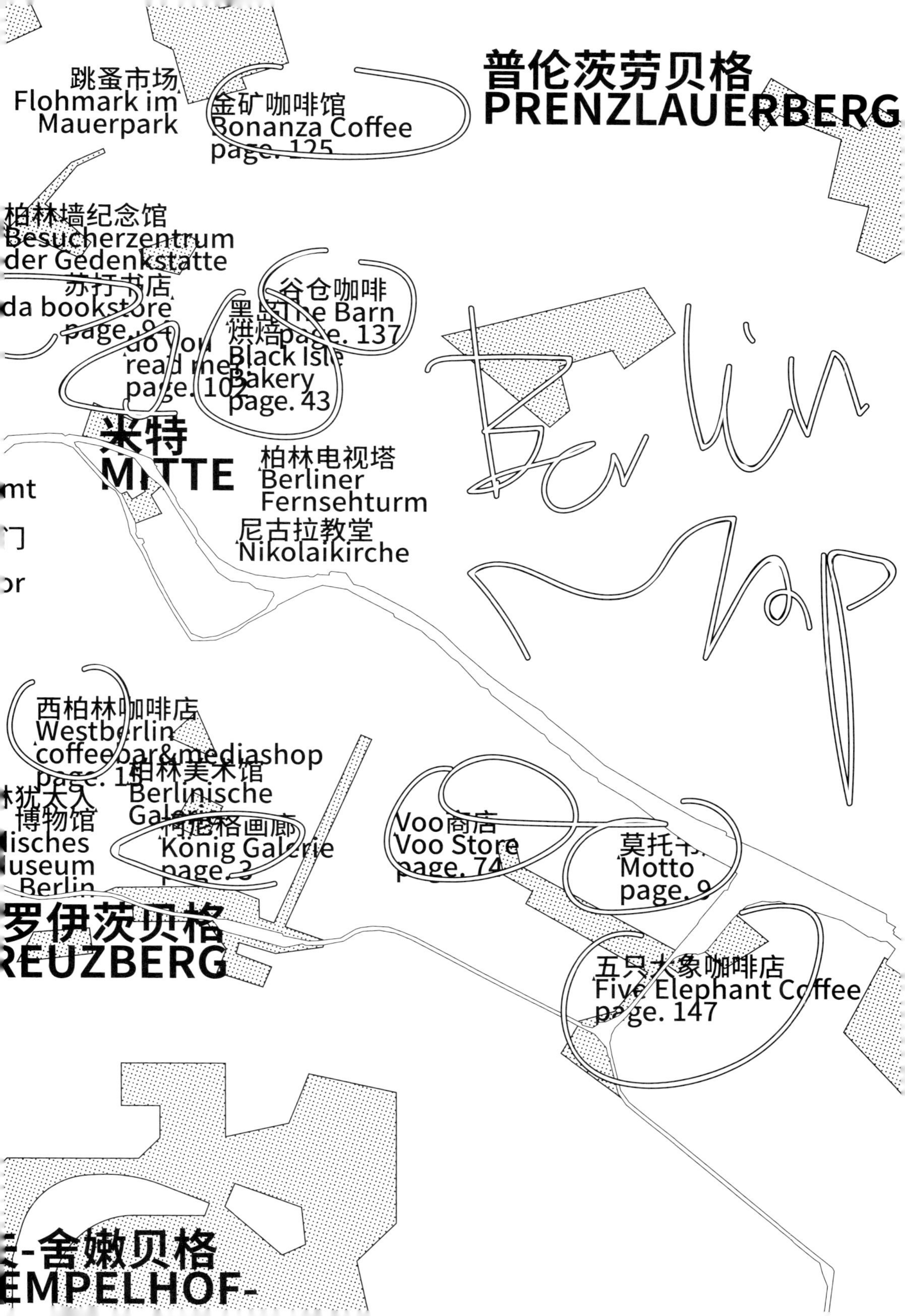

Berlin Map
普伦茨劳贝格
PRENZLAUERBERG
跳蚤市场
Flohmark im Mauerpark
金矿咖啡馆
Bonanza Coffee
柏林墙纪念馆
Besucherzentrum der Gedenkstatte
谷仓咖啡
The Barn
page. 137
Black Isle Bakery
page. 43
do you read me?!
page. 102
米特
MITTE
柏林电视塔
Berliner Fernsehturm
尼古拉教堂
Nikolaikirche
西柏林咖啡店
Westberlin coffeebar&mediashop
柏林美术馆
Berlinische
Voo商店
Voo Store
page. 74
König Galerie
Motto
page. 9
罗伊茨贝格
五只大象咖啡店
Five Elephant Coffee
page. 147
舍嫩贝格

（各章译名）

Art & Culture - 艺术与文化 / Interview with foreigner - 异乡人在柏林 / Goods & Books - 生活方式集合店 / Good to drink - 喝一杯

Art & Culture
Art & Culture
Art & Culture
Art & Culture
Art & Culture
I
Art & Culture

Art & Culture

Art & Culture
Art & Culture
Art & Culture
Art & Culture
Art & Culture

柯尼格画廊：
“重生”的创造力中心

Words → 兴晨　Photography → Roman Maerz, Lukas Gansterer　Inhaber → 约翰 · 柯尼格 Johann König

柏林柯尼格画廊 König Galerie 主营博物馆展览。
近年来，此画廊被列为柏林重点博物展览馆，多次入选
《艺术观察》*Art Review* 的“Power 100”清单。
目前，汇集 38 位国际新锐艺术家的艺术作品，举办包括
雕塑、影像、音乐、绘画和表演艺术等展览。
创始人约翰 · 柯尼格出生于科隆。
说起约翰 · 柯尼格的艺术之路，不得不提起他的艺术氛围
浓厚的家庭。

约翰 · 柯尼格，柯尼格画廊的创始人。
该画廊多次参加国际艺术博览会，如巴塞尔国际艺术博览会、弗里兹艺术博览会和巴黎国际当代艺术博览会等。

父亲卡斯帕 · 柯尼格 Kaspar König 曾是科隆路德维希博物馆 Museum Ludwig 馆长，同时也是德国明斯特国际雕塑艺术展 Skulptur Projekte Münster 项目的创始人。其叔叔沃尔特 · 柯尼格 Walther König 是一位著名的艺术图书出版商。母亲则是一名演员。艺术氛围浓厚的家庭为约翰 · 柯尼格的艺术生涯埋下伏笔。画廊成立那年，约翰 · 柯尼格尚未完成学业，却一直在为自己的职业生涯做规划。

约翰 · 柯尼格经营的画廊分别位于柏林和伦敦。其中，柏林的柯尼格画廊，坐落在由“粗野主义”建筑大师魏尔纳 · 杜特曼（Werner Düttmann）操刀设计的圣阿格尼丝教堂内。这座教堂始建于 20 世纪 60 年代，于 2004 年结束宗教服务，随后，约翰 · 柯尼格拿下使用权。该建筑还容纳着其他租户，其中有德国独立杂志 *032c* 和柏林纽约大学的艺术工作室。伦敦的同名画廊所在的建筑同为粗犷风格，由一个车库改造而成。柯尼格画廊这一艺术空间从备受争议到受各界瞩目。

“我起初想成为一名艺术家，但很快意识到自己没有足够的艺术冲动。可我仍然想从事一些与艺术有关的工作。就当时的情形来看，我只有开一家属于自己的画廊才可以保持经济独立而不必给别人打工。虽然我从小在艺术氛围浓厚的环境中长大，但我常常对艺术在我成长过程中占有主导地位而感到恼火。在十六七岁的时候，我对艺术的看法才稍有转变，甚至产生了一点兴趣。

何塞·达维拉（Jose Davila）作品：《牛顿的断层》（*Newton’s Fault*）

墨西哥艺术家何塞·达维拉的作品源于艺术和西方视觉文化中的象征性语言。图画、图形和雕塑被配置在矛盾和对比关系中，将形式和内容之间的对应关系限制在其中。他通过不同的视角来表达某些对立面：图像与文字之间的联系；材料的结构性配置使和谐有被打破的可能性；使用外围路径来定义建筑空间和物体的存在。何塞·达维拉的作品本质上是跨学科的艺术创作。在此作品中，苹果被象征性地置于雕塑装置中，它具有牛顿万有引力定律的物理意义，同时隐喻：当所有力量完全平衡时，动作和反应会暂停。

在 18 岁时，我决定把艺术定为职业，最终在 20 岁时，我决心成为一名画廊主人。”2002 年，柯尼格画廊正式成立。经验尚浅的约翰 · 柯尼格并不懂得如何去经营一家画廊，也并没有明确自己作为一个艺术品经销商的身份。但他坚信，即便轻率和天真，也要坚信自己的艺术眼光，而不轻易追随别人的脚步或听取别人的建议。

艾默格林与德拉塞特(Elmgreen & Dragset)作品：《柏林喷泉》（*Berliner Fontäne*）

1995 年，迈克尔 · 艾默格林与英格 · 德拉塞特以双人组合的形式开展艺术创作。二人相识于哥本哈根，组成组合之前，艾默格林靠写诗歌为生，德拉塞特则在研修戏剧。成为组合后，他们的作品着重探讨艺术与设计和建筑的关系。

为了让艺术走进大众生活，在特殊空间给观众留下深刻印象，约翰 · 柯尼格还专门创办了一本杂志，登上版面的多为一些富有情怀并且做事亲力亲为的艺术家。比如约翰 · 柯尼格拜访过的一位瑞士雕塑家克劳迪娅 · 孔德 Claudia Comte，这位年轻的女性艺术家曾为了采集艺术品元素，亲自带着链锯前往树林。

斯蒂芬 · 施特鲁贝尔（Stefan Strumbel）作品：《无题》

德国艺术家斯蒂芬 · 施特鲁贝尔于 1979 年出生于奥芬堡，1993 年他发现了自己对涂鸦和壁画的热情。2001 年起，他开始以艺术家身份进行艺术创作。

这一举动深深打动了约翰·柯尼格，因为他知道，当今很多艺术家会把作品中的操作环节外包给制造商。他希望这本杂志作为一个发声渠道，来讲述在展览过程中无法展示出的故事。

Address → St. Agnes Alexandrinen Str. 118—121，10969 Berlin
Opening hours → 周二—周六 11:00—19:00 周日 12:00—19:00 Web → www.koeniggalerie.com

比利时艺术家里努斯·范·德·维尔德（Rinus van de Velde）作品在柯尼格画廊展出。

莫托书店：
柏林城中的“档案室”

Interview&Words → 兴晨　Photography → 莫托书店　Inhaber → 亚历克西斯·德威勒夫 Alexis Zavialo

莫托 Motto 是一家瑞士的出版公司，
创始人亚历克西斯·德威勒夫在 20 世纪 90 年代初通过
摄影接触出版行业，从一名摄影师兼图片编辑
变成一家出版公司的创始人。
莫托的总部位于瑞士，主营出版业务，
在柏林还设有一家同名书店。

起初，由于工作和职务之便，亚历克西斯有机会到欧洲各个城市旅行。柏林开放多元的艺术环境与丰厚的艺术土壤，让他坚信在柏林开设书店是一件自然而然的事情。莫托书店坐落在克罗伊茨贝格区一栋建筑的庭院深处，该建筑的前身是旧厂房。亚历克西斯在柏林找到这个空间之初，并不确定这栋建筑经历过哪些历史，反而是直觉告诉他，这个庭院深处的氛围有一种吸引力，

带给人久远的年代感，仿佛时光倒流。
莫托书店室内摆放的书桌和柜子略显陈旧，高密度的
书籍陈列让人很容易把注意力放在一本本“冷门”书籍上。
当你在大量密集的书中发掘，不难读到“亲爱的读者，
请不要读我 ”Dear reader，please don’ t read me 的字眼。
这是莫托书店的魅力之一。莫托书店营业初期，
亚历克西斯紧锣密鼓地开展了各类艺术活动。

他召集艺术家和出版商前来办展，举行各类讲座、沙龙。
他相信书店活动与网络宣传相结合，会成为世界各地艺术家和出版人展现自身的最佳方式。
亚历克西斯坦言，与其说莫托是一家书店，不如说它是一间“档案室”。走进书店，空间内各个角落散布着大小不一的椅子和板凳。立式书架的陈列物以杂志和期刊为主。

中岛书桌上出现的书籍多为小众类和收藏级别的单行本。
收银台上方悬挂着自制的帆布包。
另外，书店里有一块、独立空间，以吧台为界，
与其他空间区隔开，作为黑胶专区。
莫托书店曾经因一只名为“Tinte”的
黑色猫咪而吸引了众多读者。

打开谷歌地图，可以看到曾经来过这里的
读者和游客写下对它的深刻印象与喜爱。
Tinte 是亚历克西斯收养的猫，亚历克西斯虽是一个爱猫的人，
但从不在家里养猫，于是 Tinte 便一直在莫托书店生活，
拥有随意上街的自由。不幸的是，Tinte 如今不知去向。
随着城市的发展，亚历克西斯在柏林发展独立出版事业的
决心愈加坚定。“对艺术家和出版人而言，柏林是一座
美丽的城市，或许这里的冬天不那么舒适，但它总能提供更多
新的空间给人们，让人们尽情享受夜生活的乐趣。”

Address → Skalitzer Str. 68, 10997 Berlin Opening → 12:00—20:00
Web → www.mottodistribution.com

西柏林咖啡店：享用好咖啡时离不开一本好杂志

Words → 兴晨　Photography → coffee bar & media shop　Inhaber → 凯 · 布勒尔 Kai Bröer

若是来到柏林查理检查站，当你向南行走 200 米，
即可看到这家名为“西柏林”的综合型商店，
一个把咖啡和杂志融合在同一空间的店铺。
凯 · 布勒尔是西柏林咖啡店的创始人。他出生在德国南部，
靠近海德堡。那里被称为仅次于科隆大教堂和
新天鹅堡的德国第三大景区。整座城市如同一幅画卷，
有青山绿水，也有饱经沧桑的残垣古堡。
然而因为西柏林是凯的父母定情之地，
所以早年间他们举家搬到了西柏林。

2012 年，凯创办了这家有咖啡、有杂志的集合店。
店铺名字诞生得简单直接。之所以叫“西柏林”，
是因为其地理位置靠近查理检查站。
查理检查站是“冷战”时期柏林墙边东柏林与西柏林
之间的检查点，柏林墙拆除后，
这里一度被拆除和重建，成为柏林当今重要的旅游景点。
以“西柏林”命名的第二个原因，是源于凯的父母的爱情。

“当时我的父亲因为战争逃到西柏林，
在那里生活不会受到西方盟国的法律条款的束缚，
他在那里遇到一个西柏林女孩儿，
也就是我的母亲！”
每当说起父母的故事，
他都表现出自豪和热情。
店里每天都播放着极具柏林特色的 Techno 音乐。

伴随着动感的电子乐，人们可以品尝到来自当地品牌“五只大象”的咖啡，也能阅读到及时上新的国际杂志。当然，如果你是个移动办公族，也可以带着电脑到这里工作。将咖啡与杂志结合的灵感，来自20世纪90年代纽约著名的“新闻酒吧”News Bar。“他们提供意式浓缩咖啡、百吉饼，以及最新的报纸、杂志。

同时，酒吧里会播放美国有线电视新闻网 CNN 的节目。
这简直是一个完美的组合，
毕竟那个时候还没有智能手机。”
这些早年的有关复合空间的记忆给凯留下深刻印象，
随后，他创办了属于自己的咖啡店。
如今，他相信“享用好咖啡时，手边离不开一本好杂志”。

该店对于杂志的选择主要集中在建筑、设计、
时尚、艺术和旅行等类型。大部分出版物都来自柏林本地，
也有一些来自欧洲其他国家。凯特别安排的一块区域，
用来展示柏林的出行信息和地图，它们是在附近的
旅游景点买不到的特别版本。

Address → Friedrichstrasse 215, 10969 Berlin
Opening hours → 周二—周五 8:30—19:00 周六—周日 10:00—18:00
Web → www.westberlin-bar-shop.de

II interview with foreigner

II interview with foreigner

人需要偶尔孤独

Words → 兴晨
Photography → Nailya Bikmurzina

关注时尚和模特界的人，对 Fahrani Pawaka Empel 不会陌生。这个来自印度尼西亚雅加达的女孩儿，拥有模特、演员、设计师和品牌创始人等多重身份。

她 16 岁搬离故乡后辗转过不同城市。香港、东京、纽约、巴厘岛都留有她的生活印记。她在中国香港和日本东京生活了 7 年后又搬到巴厘岛生活。在重回城市生活之前，她在岛屿上生活了 10 年。直到她在柏林寻觅到自己愿意投入心力的事业——自创眼镜品牌 PAWAKA。

在创办 PAWAKA 之前，Fahrani Pawaka Empel 做过很多种跨领域职业的尝试。如今，PAWAKA 对她来说就像面包与黄油一样，是生活里不可或缺的东西。Fahrani Pawaka Empel 16 岁起开始做模特，随着“职业半径”的拓宽，她面对镜头更加坦然并且表现更自如、灵动。在她正式打算进军设计领域前，模特工作占据她大部分生活。搬到柏林生活后，她也曾为自己的职业生涯和生活方式做过打算：一种是随时随地站在镜头前穿上漂亮前卫的服装，另一种则是创办自己的眼镜品牌 PAWAKA。

PAWAKA 在梵文中意为“火”，这也是 Fahrani Pawaka Empel 的祖父曾经被授予的名字。随着时间的沉淀，祖父决定把 PAWAKA 作为家族姓氏，Fahrani Pawaka Empel 是 PAWAKA 家族的第三代。

辗转过几个城市生活后，在 Fahrani Pawaka Empel 心里，目前柏林是最理想的居住城市。经济实惠的生活用品、卓越的生活质量、充分的表达自由以及多元的文化使柏林成为许多年轻创意人青睐的地方。

in2_berlin

Apotheke

从模特转行做产品设计，对你来说挑战很大吧？

是的，我的品牌实际上是一个规模很小的公司。内部只有 2 名全职员工，他们要打理好品牌的各个方面，所以设计全部由我来承担。此外，我担起运营产品线和讲故事的角色，还有负责管理和商业合作的洽谈。好在在巴厘岛生活的那些年，我陆续学会了如何根据草图打版，如何把图纸落实成实际产品。当时，在那里我有好多朋友都是设计专业出身，所以创作过程中我得到了很多中肯的建议和指导。对我来说，设计灵感从来不是来自某个特定的主题或地点，我敢说，灵感来自内在，所以任意一个偶遇的空间或瞬间都可能激发我的创作冲动，任何一件生活小事都可能成为我的设计动机。

身为模特、演员、设计师和品牌创始人，多重的身份带给你什么样的乐趣和阻碍？

虽然我仍然以模特身份出席各种场合的活动，但我主要的生活精力都放在 PAWAKA 上。出席活动的频率明显没有以前那么高。演员身份确实会占用生活中的很多精力和注意力，而我又不能离开品牌事务太久，所以演员这一角色在我生活里既是常态化的，也是暂时的。在柏林，我会尽力找到一种方式来平衡事业与生活。

你同时是一名环保主义者，最初关注这一领域是受什么影响？

对我来说，这是一件自然而然的事情，当我还是个孩子的时候，我就意识到人与自然是联系在一起的。虽然我成长过程中大部分时间是在城市里度过的，但每当与自然接触时，我都会充分感知到植物赋予生活的力量。我也关注动物和它们栖息地的生态。2009 年，有人开展森林保护项目，于是我就注册并加入其中。为此，我还专门去婆罗洲热带雨林生活了 3 个月。那段经历让我更加关注环境，我也一直在尽一己之力向周围的人做环境宣传。在柏林的家里，我养了很多植物。我觉得家里因为这些植物变得有生机和活力。

RESTAURANT
Öz Adana
1975
HOLZKOHLEGRILL
B OS 2881

30
P
1 Std.

KARNEVAL DER KULTUREN
Gob Squad
CREATION
(Pictures for Dorian)
HAU
Premiere
2.5., 4.–7.5.
DT
DEUT
Performing Arts Festival Berlin
THEATER UND MUSIK
PERFORMANCE UND
PUPPEN UND FIGUR
SITE-SPECIFIC

HEATER BERLIN
CLARE BOWEN
kk-gruppe.net
Vortrag und Dis
DER STAR AUS DER TV-SERIE NASHVILLE
ALBUM AB 27.04.18 ÜBERALL ERHÄLTLICH
Live Bands ab 13 Uhr
auf der Neuköllner
Marktbühne
Hermannplatz
Montag bis Freitag
10 bis 18 Uhr
Jeden Donnerstag
Live Bands ab 13 Uhr
auf der Neuköllner
Marktbühne
Performing Arts Festival Berlin
PAF
THEATER UND MUSIK
PERFORMANCE UND TANZ
PUPPEN UND FIGUREN
SITE-SPECIFIC
05—10 Juni 2018
Programm & Tickets
www.performingarts-festival.de

你曾旅居过香港、东京、纽约、巴厘岛，现在又到了柏林，搬迁到这些地方之前，对它们做过哪些考量？

我每一次要辗转到新的城市时，是没有标准或要求的。因为搬迁到那些城市前我没做过计划，只是自然而然地。

我是凭感觉做事的人，是感觉把我带到那些城市。在那里我渐渐成为自己想成为的人。

你想通过 PAWAKA 这个品牌传达什么？若用 3 个关键词形容它，会是哪 3 个？

对我来说，佩戴 PAWAKA 的人必定是在生活中关注自身感受和对生活有美好向往的人。通过佩戴 PAWAKA 的眼镜，用更优化的视觉感官愉快地观察生活。PAWAKA 是一个故事叙述载体，通过佩戴这一品牌的眼镜，可以用心感知我对生活的态度。若用 3 个词来形容它，我会说它是关于过去、现在和未来的。

柏林对你来说，是一座怎样的城市？

我住在柏林的克罗伊茨贝格地区，我认为柏林是一座没有市中心的城市，因为这里的每个区域都有独特的属性和特点，能吸引不同领域的人并引发共鸣。柏林是一座非常国际化的城市，充满创造力。经济实惠的生活物品、卓越的生活质量、充分的表达自由以及多元的文化使柏林成为许多年轻创意人青睐的地方。柏林被绿色森林和公园覆盖，与欧洲其他城市相比，这里的生活非常悠闲。闲暇的时候，我喜欢找个地方画画或者写作，有时也做做运动。我真的很享受在柏林周围的森林或湖泊来一场短途旅行。那才是真正面对自我的时候，人需要偶尔孤独。

西格德 · 拉森：建筑风格源于城市

Words → 兴晨
Photography → Micheal Brus
Georg Roske
Sigurd Larsen

Web → sigurdlarsen.com

精确与理性是德国建筑文化的特点。20 世纪 70 年代起，由于建筑需求相对饱和与建设高潮的消退，建筑师们从现代派建筑创作模式中解脱出来，更多地关注传统文化与建筑形式的多样化。越来越多的建筑师前往柏林施展拳脚。

建筑师西格德 · 拉森 Siguad Larsen 出生于丹麦哥本哈根，大学毕业后就来到柏林生活。在他眼中，柏林与哥本哈根是两座完全不同的城市。虽然相距很近，却拥有不同的城市风格。他之所以从事建筑和家具设计工作，和丹麦悠久的传统有关。丹麦血统和成长环境使得西格德 · 拉森专注于创造的过程，而不局限于某个细分领域。“因此，有不同教育经历的人，最后往往可以从事诸多不同领域的工作。”他认为跨越建筑和家具领域的工作很有乐趣：建立于细节基础之上，充满创造自由和新的思路。

建筑设计和家具设计从属于不同的设计领域，你认为两者间有何关联？

在丹麦，建筑师们同时从事家具设计有着悠久的历史。我们通过建筑的设计方式研究家具的设计创作。在建筑设计的过程中研究人体学和家具材料，最终形成家具设计的知识和方法。

丹麦与柏林的建筑工作有何不同？

在德国的建筑领域的工作中，文案企划的部分是非常重要的，通常情况下，德国大部分相关领域的工作都以此为依据。也因为这样，柏林社会效率极高。不过，对我来说，我更喜欢接触丹麦的建筑项目。北欧国家的气候恶劣，又有极昼极夜的限制，这迫使我的建筑创造力要更强。可以说，这种极端环境激发了我的创造力和灵感。在推出新的家具产品之前，我们的团队，包括合作方和设计师们，会共同经历一个漫长而有趣的过程。作为设计师，我只负责建筑设计方面的工作，其他方面的事务，会有专人配合。所有的设计工作中，协作是很重要的。在这个过程中，我们从彼此身上吸收各自领域的专业知识，再结合自己所擅长的。

你的著名设计作品《神殿》The Shrine，设计灵感来源于什么？

我认为心中拥有“神殿”的人肯定是好奇心旺盛的人，这和一个成年人是否有童心有关。“神殿”的各个组成部分都有很多探索和发现的空间，甚至还有一个秘密机关。设计灵感来源于柏林克罗伊茨贝格的迷宫式庭院。材料是本地的橡木和德国东部的黄铜。“神殿”的设计风格和理念影响着我往后的创作。柏林蜜歇贝格酒店（Michelberger Hotel）的设计也是出自我之手。其客房格局与“神殿”类似。

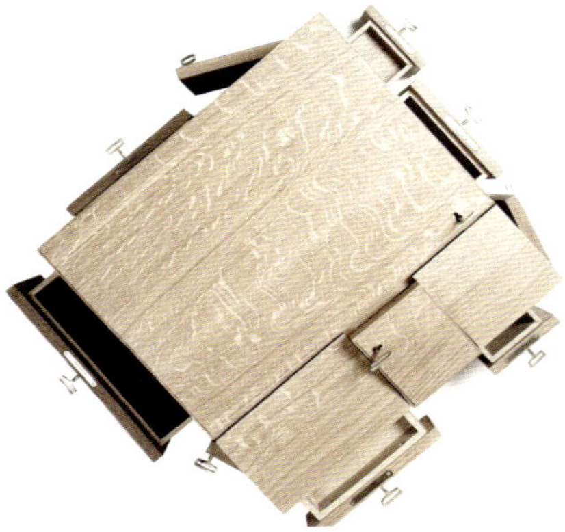

“神殿”是一个只能用钥匙打开的有很多抽屉和门的空间。私人物品可以安全地锁在小空间里。对于最私人的物品，可以在其中一个抽屉后面找到一个秘密的“房间”。这些“房间”都是按配件和小玩意的比例缩小的。这样，珠宝、化妆品、唱片、耳机、LP 播放器、私人文件和你最好的威士忌都可以在这里安身。它成为你家里最私密的地方。“神殿”的设计灵感来源于柏林克罗伊茨贝格迷宫式的庭院。建筑师生活和工作在这个文化多元化的社区，他的家具正在生产和展出。

（**出自** http://sigurdlarsen.com）

这间套房名为花园房 Garden house，是柏林蜜歇贝格酒店的客房之一。在设计理念上，空间的整体结构分为“室内”与“室外”。这间套房的设计出自西格德·拉森之手，格局与其代表作《神殿》类似。他意在把这间酒店套房视为房屋，将周围空间视为花园。独立的木质屋子为“室内”，一层设有卧室、独立浴室、卫生间和厨房。诸多入口的设计旨在让日光在整体环境中形成流动。楼梯通向二层卧室，也可以俯瞰整套房子。温暖的木质内饰让空间整体感觉纯净而平静。西格德·拉森在生活中本是一名酒店爱好者，无论旅行还是出差都喜欢体验不同类型的房间。他相信探索新的住所是快速了解一座城市的方式之一。（**出自** http://sigurdlarsen.com）

在北欧做建筑设计时，自然光是必不可少的元素。间接光线形成一种美丽的冷色，有海洋的感觉。南方的低日光增加了一种温暖的黄色光。屋顶的设计是为了同时获得间接和直接的阳光，借由阳光的照射把房间变成一个不断变化的空间。一堵穿孔的墙围绕着房子，营造出不同等级的私密空间和无风的室外空间。这所房子的顶部是一个个倾斜的屋顶，通向四面八方。从房子的一个开放庭院的入口进入，高高的天花板通向宽敞的客厅。厨房直接与东南庭院相连，引入清晨的阳光。在另外两个屋顶的下面是儿童区，在那里，是一个有“自己的入口”的属于孩子的独立空间。该作品入围了 2017 年度世界建筑节 WAF 奖。

（出自 http://sigurdlarsen.com）

你怎样看待风靡市场的“北欧风”？城市风貌会对设计师产生什么影响？

对我来说，设计风格是否是北欧风格并不重要，重要的是基于城市的气质本身。一座城市的气候、生产方式和建筑材料都是令我兴奋的点和能获取经验的地方。目前，我正设计一座位于希腊岛屿上的房子，这是我涉足的新的领域。这让我有机会再次研究本土建筑学。

柏林在你眼中是一座怎样的城市？

这个城市有它固有的传统，但同时也能接纳任何一种生活方式的人。所以我觉得柏林人很有表现力，这点让我深受启发。在柏林的生活非常愉快，个性和主张有充分的发展空间。这可能是我们这一代人中，许多人选择来到这里工作和生活的原因。

“混凝土字母”（Concrete Letters）是由西格德·拉森和丹麦字体设计公司 Playtype 联合推出的。Playtype 是一家线上字体设计工作室，由设计机构 e-Types 创建。它一直致力于推广丹麦式设计，为客户定制字体、草图或涂鸦，逐渐拥有完整的字体设计系列。如今 Playtype 公司也创作字体衍生品，从海报到服装以及各类生活用品，即便是明信片和挂画使用的字体皆是原创。图中字母均是手工制作，在特制木质模板的基础上浇灌混凝土制成。（出自 http://sigurdlarsen.com）

黑岛烘焙：纯素主义者的甜品后花园

Words → 露丝 · 巴里 Ruth Barry
Photography → Lena Emery
Robbie Lawrence

Address → Linienstrasse 54, 10119
Berlin-Mitte
Opening hours → 周二—周五
8:00—17:00
周六—周日
10:00—17:00

我相信每个女孩儿都梦想过有一家属于自己的甜品店。我也一样，这个梦想诞生在我在伦敦的一间小公寓里。一台烤箱陪伴我度过了一段异乡生活，我不厌其烦地烤出各种甜品，终于，我在柏林创办了自己的第一家面包甜品店。

我出生在苏格兰高地上的黑岛，后来因为工作的缘故，我在纽约、巴黎和伦敦都生活过。从 2012 年开始，我梦想着拥有一家甜品店，2014 年，我决定搬到柏林来实现我的甜品梦。我的甜品店是以我的家乡的名字命名的，因为那里有独特的烘焙技艺，那里的传统烘焙方式伴随着我长大。黑岛有各种强大的农业社区，我曾专门回去调研学习。从中学到了烘焙原料的成分及种植和生产的相关知识，这让我更加尊重传统烘焙方式。民间传统技艺对我来说非常重要。

想开一家甜品店首先要热爱甜品。无论是新鲜出炉的面包还是甜品，我都很喜欢吃，并且可以从中得到满足感。

尽管在早前的计划中，我没有想过要成为一名专业面包师，我曾在爱丁堡学习雕塑，又在纽约和伦敦的艺术行业工作了几年。那时候我只是用业余时间学习烘焙，但是接触之后就发现自己没有理由不追求专业。于是我辞掉了工作，搬到巴黎，专心学习烘焙。在巴黎，我师从法国优秀的面包师 Christophe Vasseur，在 Du Pain et des Idées 面包店和他一起工作，这段经历就像弹簧一样帮助我推出了这家店——黑岛烘焙 Black Isle Bakery。

店里每天供应限量甜品，其中有咸奶油糕点、蛋糕和饼干。面包店的目的重在

质量而不是数量，对于品类，我更希望精简一些，而不追求太多。我会根据季节变化变换一些甜品的口味。

烘焙最重要的就是要有耐心。为了经过漫长的制作过程之后能获得好的甜品，甜品师不能偷工减料，需要非常精确地进行原料配比，花更多的时间做正确的事情。黑岛烘焙店使用来自慕尼黑磨坊的面粉，采用法芙娜巧克力。法芙娜巧克力这一品牌由一个住在芙娜谷的饼房厨师在 1922 年创立，该品牌的特色就是用法式传统工艺和厨房艺术制作出美味的巧克力。店里还有来自马达加斯加的香草粉、有机的鸡蛋和牛奶。我相信健康的动物会生产出令人愉悦的食物材料。另外，创造一个积极的工作环境也非常重要，快乐的人会制造出令人开心的食物！

令我惊讶的是我们畅销的食物是“素食三粒”，一种当日烘烤的饼干。在巴黎实习之后，黄油成为我的案板“女王”。然而当我的顾客们要求我研发素食饼干时，我决定迎接挑战。作为一名甜品师，满足特定的饮食要求对我来说是很重要的。同时，店里的咸味蛋糕还有柠檬毛毛雨蛋糕也很受欢迎。

我们店里有很多常客，他们绝大多数在附近生活和工作，也有世界各地的人来店里参观品尝。我一直想打造一款各个不同领域的人都可以吃的甜品和一个他们都喜欢的空间。柏林的很多人推行纯素食，越来越多的人追求无麸质饮食。我们正在努力为这些有特定饮食需求的人提供更多选择。尽管烘焙在德国有着悠久的历史，但我依然会探索那些打动我并且让我喜欢的甜品。其实我个人喜欢没有过多装饰、不太甜的甜品。越简单越好。

作为一个店主，我认为注重细节是首要任务。所以我把黑岛烘焙打造成一座风格迥异的像画廊一样的店铺：当代，简洁，独特。当你走进这里，有鲜花、甜

品，营造出一个让人愿意花时间的空间。

黑岛烘焙对我来说就是一切，我在伦敦的小公寓里构思了这家店。那时候我只有一台小烤箱，不厌其烦地试验各式甜品，每天早晨从睁开眼就开始构思如何做出有趣又好吃的甜品。直到我正式开了这家店，开业那天是我生命中最重要的一天。小女孩儿时期的梦想终于实现了，现在我每天带着满满的幸福感走进面包店。

我的日常非常有条理，每周二到周六在面包店里工作，每天清晨五点多就开始烘焙，直到下午，我把店面交给员工打理，我自己带着我的腊肠犬丽莎去散步。每周日，我会稍微放松一些，有时会赖床。每天早餐用一杯咖啡来搭配自己烤的面包，有时也会搭配一本喜欢的书，或一部电影。每周一闭店休息，但我会照常去朋友的咖啡店 Companion Coffee 喝上一杯卡布奇诺。我想借此机会跟大家推荐一些我个人很喜欢的店：Das Lokal、Lode & Stijn 和 Standard Pizza。还有一家名叫 Cordobar 的店是喝红酒的好去处，Redwood Bar 和 The Buck & Breck 的鸡尾酒我也喜欢。每逢夏天，我喜欢吃 Cuore di Vetro 家的冰激凌。天气暖和的时候我会骑着单车在蒂尔加滕公园穿行。

柏林是一座很包容的城市，这里为各种人提供各种机会。虽然近几年物价上涨，但这里仍然是创造者的舞台。

SoundCloud:城市中心的音乐社区

Words → 兴晨 邓文秀
Photography → SoundCloud

SoundCloud诞生于柏林，作为早期非常大的音乐和音频平台之一，SoundCloud 为音乐爱好者和音乐人提供了一个多元化的音乐社区。

联合创始人埃里克·瓦尔弗斯 Eric Wahlforss 一直深耕于音乐行业，在创办 SoundCloud 之前同时从事音乐和网站的相关工作。12 岁起，他用妈妈的电脑和 RolandD50 合成器做电子音乐。随后接触音频采样和音乐制作。1995 年接触早期互联网。2003 年，埃里克在柏林音乐公司 Sonar Kollektiv 支持下，发布过一张专辑 *Soulhack*，当时的艺名是 Forss。在 2003—2005 年间，进行过一些巡演活动。

目前，SoundCloud 位于柏林的办公室坐落在 The Factory——一所校园内的一个空间，这里还有几家不同领域的创业公司。The Factory 坐落在柏林米特 Mitte 区。“Mitte 在英语中也有 Center 中心的意思，事实确实如此，米特区是这座城市的核心，是一个充满活力、富有创意和鼓舞人心的社区，是我们称之为家的理想场所。”

SoundCloud 的创始团队只有埃里克与亚历山大·荣。二人在斯德哥尔摩上大学期间相识，也曾一起搬到旧金山写毕业论文。2007 年二人一起移居柏林。关于成立 SoundCloud 这样一个音乐网站，源于两个方面的想法。“一方面是为了让互联网上的创新工具被广泛利用和普及。我们看到了以文字、视频和照片为中心的大型资源平台，但仍然没有以音频为主的平台。另一方面，我们在兴趣的基础上，已经建立了一个可以互相发送音频文件且以音乐项目线上协作为核心的网络工具。这两个想法可以说是不谋而合——我们要创造一个具有社交属性的、用户可以参与互动的音乐平台。”

选择柏林的原因是什么？

我是瑞典斯德哥尔摩人，很早就对音乐产生兴趣。当我与我的合伙人亚历山大·荣一拍即合决定一起做一番事业的时候，我们寻访过欧洲各个城市，我们想为 SoundCloud 寻找一个承载空间。选择柏林的原因有很多，最特别的理由就是这座城市独特的创意和艺术氛围。柏林也因此吸引了来自欧洲和世界各地的人才。

在柏林，创立 SoundCloud 初期的行业环境是怎样的？

柏林是一个不可思议的创意空间，无论是项目开发、艺术还是设计领域，都拥有丰富的人才资源。柏林也意味着另类的生活方式：以你自己的方式做事。这是它的一个与其他城市不同的属性。它像一个巨大的创意中心，让前沿技术、音乐和艺术相互交融。对我来说，极为难忘的时刻之一，是我们在 2008 年，SoundCloud 从测试版到正式上市。埃里克和我，以及我们的朋友和 SoundCloud 的团队，在上市的那一刻，仿佛真正按下了神奇的开关，意味着我们的平台从柏林这个精彩舞池中走出去，那是一个非常酷的时刻。

平台开放至今，核心用户群体发生过哪些变化？有什么特点？

我们认为音乐天生就带有社交属性，并以此特质发展我们的平台。SoundCloud 的

许多应用工具和社交互动方式，成为创意人、听众和策划人相互沟通交流的纽带。多年来，SoundCloud的社区属性，特别是创作者们与平台持续成长、发展的程度，也让我们大吃一惊。我们时刻与SoundCloud所形成的社群保持密切联系。无论是通过艺术家和团队之间的活动互动，或是进行项目合作，还是在社交媒体和社区页面上留言等，从这些交流中得到的反馈都非常有价值。

各个国家的音乐流媒体的发展都很快速，SoundCloud 怎么保证核心用户不会因此流失？

流媒体的运用和发展，使创业者比以往有更多选择来发展他们的事业，并且有能力像初创公司一样运作；也更加容易掌握全球受众的需求，从而在大众服务中快速商业化，并获得收入，这个过程是令人难以置信且令人兴奋的，当然，有强大推动力的技术是核心。关于SoundCloud，我们有一个使命是为创作者提供动力。我们想成为他们的第一个选择即他们最先上传的平台，也是第一个给他们展示机会的平台，同时能让创作者的作品有机会变现。我们可以说是最早应用这种便利方式的平台——用户建立一个账户后，通过我们提供的程序工具，逐渐形成自己的粉丝群。对于听众来说，我们希望持续提供不同的听觉体验。我们通过建立世界上最大的音频平台，吸收各种各样的创作者，推出总量超过177万条素材的音频内容。

目前最大的运营难题是什么？

我们已经走上正轨，并且对我们业务发展的道路非常期待。在过去一年里，我们做出的最大改变是重新聚焦我们的商业计划。创作者驱动的生态系统，容纳大量的原创作品，同时也为那些关注音乐趋势、精彩内容的受众提供了多元体验，这也是SoundCloud独一无二的核心竞争力。在过去的8个月中，我们发布了许多公告，表明我们对核心创作者投资的承诺。这些承诺包括推出移动应用程序上的新的UI体验、扩展SoundCloud“Premier”计划、启动首个以原创制作人为主的活动，以及迭代更新产品功能：添加实时统计、预定发布等等。

从业至今，这个领域的工作对你自身有哪些影响？

SoundCloud被视为柏林音乐产业的重要组成部分。我们有一个充满活力和多样性的创作者社群，超过1000万的用户，可收听超过177万条声音素材，并且其中大多数内容是无法在别处听到的。我们为音频创作者提供了最简单的方式，来启动、构建和发展他们的职业生涯，同时激发他们的创造力，这些原创用户正在推动和塑造一些创新、符合潮流和未来趋势的音乐。看到SoundCloud能够持续为文化事业发展助力，确实很让人感慨。2018年，有8位从SoundCloud开始音乐生涯的艺术家，并被提名2018年度格莱美奖。许多和他们有着同样经历的艺术家，在过去的2017年也受到行业极大关注，比如Post Malone、Lil Uzi Vert等。《纽约时报》甚至报道了“SoundCloud Rap”的现象，并将其定性为“嘻哈音乐中最重要、最有突破性的新动作”。

在你眼中，柏林是一座怎样的城市？

柏林是世界上非常好的城市之一，拥有如此充满活力的创意社区和不断发展的科技领域，我们很高兴成为其中的一员。当然，除了令人赞叹的音乐和文化氛围外，这里也有一种反其道而行之的行事特质，大家总是会用不同的方式做事。这种心态和企业家精神很类似，这种精神也一直激励着我。

柏林，理想主义者的乌托邦

Words → 张小溪
Illustration → 张小溪
Photography → Pickledthoughts

2007 年我第一次到德国，第二年我义无反顾地只身跑到了柏林工作，从此旅居在这里，一下子这么多年过去了。

我生性是那种很开朗的人，看起来和柏林深沉冷峻的酷劲儿似乎格格不入，我选择柏林的理由带着文艺女青年的主观色彩：我爱电子乐，爱德国电影，爱《大都会》《柏林苍穹下》《劳拉快跑》《再见列宁》。

我工作的地方是东边的普伦茨劳贝格区。那时候觉得柏林的城市建筑的感觉特别像 20 世纪八九十年代的北京，马路很宽。当时看什么都觉得很兴奋，逛不完的博物馆和古董店，大派对小派对一个接一个。“隆隆”电音下你跟着人们随着节拍舞动，夕阳西下时你拿着瓶啤酒独自坐在柏林墙纪念公园的山坡上，远处传来街头艺人抒情的歌声。若是厌倦了东柏林的“雅痞”气息，那就跑去西边参加一些老派欧洲人的娱乐活动，听听古典乐，听听歌剧，看看话剧，沉淀些好品位和古典修养。那时觉得自己可以无比自由地去做自己喜欢的事情，这城市给了自己足够的自由去任性。这座城市延迟了我成熟期的到来，却又弥补了我青春期的诸多遗憾。我庆幸当初能选择这座城市，如果当初选了巴黎或是

伦敦，如今可能不会有这样的观点和心态。

但当这里给予你足够的养分之后，你会很自然地发现它的另一面：它的缺陷、局限，真实且不那么理想化的一面。

有一次我在从机场回家的路上，透过计程车车窗瞥见一块巨大的城市广告牌，大意是：柏林，未来之城 Berlin, die Zukunftsstadt。然后我不自觉地咧嘴笑了出来，这标语看上去着实有点奇怪。我总觉得，至少目前看来，其实这个城市和未来的摩登大都市是没什么太大关系的，在将公共领域与高科技接轨这方面，其他欧洲的大城市做得可能更好一些。很大程度上这和德国人保守的做事态度有关，不过谨慎有谨慎的好处。当代德意志有着面向未来的理念，以及 20 世纪的行动力。

而柏林是属于年轻人和理想主义者的乌托邦，被一层巨大而梦幻的泡沫包裹，疏离于这个世界其他充满生存法则的大都市。

不是说在这里你不需要生存，而是这里给予你一种世界大同的幻觉：自由是信仰，不显山露水是原则，政治正确是纲领，夜夜笙歌是“素质”；为了自由而自由，为了反叛而反叛，为了虚无而虚无。在这里待久了，你会觉得自己依旧放纵不羁爱自由，大把青春可挥霍。这是当代柏林的魅力所在，也是柏林的局限。

一座城市总是因为住在里面的人而变得有趣。我喜欢听这座城市的人们和我讲述他们自己的故事：在“二战”时被引渡到美国最终又落叶归根的犹太乐评人；从小在东西德边境长大，柏林墙拆除后在混乱迁徙时抢先开始做生意的老板；东西德合并 20 余年之后仍然没有跨过分界线的老人；以及常常提起自己轻狂而混乱的成长之路，感慨柏林今不如昔的“90 后”姑娘。每段故事都带着鲜明的时代烙印，且充满着个性与张力。

柏林从来不缺艺术家和学术精英，近现代与当代文化艺术机构林林总总有数百个。假如你在街上搭讪 5 个人，其中 3 个可能是搞艺术的，剩下 2 个可能是搞学术的。你去一家咖啡店，老板可能是个室内设计师，在里面打工的服务员可能是个哲学系的学生。这里从来不缺少深刻而博学的人，但单从文化美学上来说，事实上这里又并不足够包容（其实我也很难想出世上有任何一个城市能滋养出真正多元的审美），它有着自己明确的喜好和路线，并且将其发挥到了极致，时刻挑战与颠覆着你对“美”的初级认知。你可以在这座城市源源不断地接受超前的美学熏陶，但如果你开始服从这个环境的美学规则，则会因为身边不断涌现出太多的优秀同行而倍感焦虑。这不仅限于这座城市，其实无论身处哪座城市，你都不可以完全顺从当地的主流审美而丧失自我的身份和特色，这是作为创作者的自觉。

我来浅薄地划分一下柏林的数种文化拥护者吧：

占据当代审美高点的各界精英、知识分子与艺术家，以 20 世纪德国文化黄金时代为傲的老派资产阶级与中产阶级，痴迷于“地下亚文化”的年轻人，慕名而来的消息灵通的人，仍保有东西德思维模式的老人，以及德国移民。

显而易见，柏林特有的美学都带着强烈的政治色彩，百年以来，一个从战争和废墟

中走出来的城市，一个近代由分裂再到融合的城市，你不要指望它给你看些梦幻的或小清新的东西，这些东西在这里并不重要。如今柏林所标榜的，一直是它千疮百孔的历史反思，以及自由不羁的反叛精神。当这些标签变成了主流文化，所谓的前卫是否还真的是前卫？

柏林是个乌托邦消费主义城市。它对这座城市之外的人们仍充满着极大的诱惑力，在柏林居住，意识软弱的人会被吞噬掉，但也有很多定力强、好奇心旺盛的人来这里寻找机遇。这里变得越来越繁华，也越来越不性感——如今柏林所高喊的文化口号和其他西方国家已没有太大的区别，它正在慢慢地被加进这个世界其他主流大都市的队伍，这就好像伦敦东部的发展与布鲁克林的变迁一样。

没有人可以醉生梦死地过一辈子，也没有城市会停下向前发展的脚步。

这座城市在我人生中占据着无可取代的地位，它重塑了我的生命。在它变成另一个大都市之前，过来体验这座城市吧，它会为你呈现一个新的审视这个世界的视角。

当然，你拜访这里时无须过度解读或是将其与其他城市再比较，只需要去享受它独一无二的文化气息，以及疯狂的夜生活就好。

Goods & Books Goods & Books G

III

III

01

Lewis Baltz The Deaths in Newport
THE MAN IN THE CROWD
WINOGRAND
GARRY WINOGRAND
MONTPARNASS!
LEWIS BALTZ WORKS

安德烈亚斯·穆尔库迪斯买手店：柏林首屈一指的时尚地标

Words: 兴晨 Photography: Thomas Meyer Inhaber: 安德烈亚斯·穆尔库迪斯 Andreas Murkudis Address: Potsdamer Straße 81, 10785 Berlin Opening hours: 周一—周六 10:00—20:00 Web: andreasmurkudis.com

▶ 安德烈亚斯 • 穆尔库迪斯作为一名沉浸在艺术行业超过 20 年的艺术家、策展人，于 2003 年开设了同名买手店。经过多年沉淀，这里已成为柏林首屈一指的买手店，也是柏林不可错过的地标性景点。

81

▶ 安德烈亚斯·穆尔库迪斯的同名店铺空间布置简单，色调明快，构架高挑。建筑前身是《每日镜报》（*Der Tagesspiegel*）印刷厂的原址。第一家店最初位于米特区朗姆恩大街（Münzstraße）的后院，2011 年迁至波茨坦大街 81 号，开阔的工业空间给安德烈亚斯提供了产品陈列和发挥的空间，陈列如策展，把空间打造得如同画廊的展馆。“当我们的客户走进 81 号的店时，会感到这里是自由的——从宽敞的空间到轻松的氛围，实际上这里也承载了我对时尚以及设计的热爱。”

▶ 有关开店铺的想法，可以说源于他的艺术工作，从从事艺术工作那时起，他开始有意识地精选一些产品出售。

▶ 安德烈亚斯在创办同名买手店之前，持续给不同国际知名艺术家策展。随后，在“物的博物馆”（The Museum of Things）工作，在那里一直度过了 15 年。

- 2002 年，他曾尝试过开快闪店，短短两个星期里得到了不错的反响，随后，他尝试开文具店和家具店。这都给了他极大信心去经营一家综合实力较强的买手店。
- 安德烈亚斯最初萌生在米特区开店的念头的时候，米特区相比现在更显荒凉，但对他来说改建的发挥空间更大。当时诸多区域有着既优惠又好的租赁条件，于是各种餐馆、酒吧、商店、俱乐部和画廊在这里陆续开业。直到清晨，米特区街头还很热闹。“这么多年来，社区环境发生了根本性的变化。成倍增长的租金，不是很利于社区多样性的发展。如果你经过现在的米特区，可以感到有些没落，这也是我决定搬离这里的原因之一。当我在舍嫩贝格区找到合适的地方后，我毫不犹豫地搬走了。安德烈亚斯店目前坐落在邻近的艺术画廊的后院，看起来是还没有被发现的完美空间。我曾在舍嫩贝格区上过学，所以对这片地区也很熟悉。从我们搬到这里直到现在，周围的环境也发生了改变，变得越来越时髦。但舍嫩贝格区仍是属于艺术家的地方，不同类型的生活区域和工作区域，一片连着一片，同时也能容纳脏乱差的‘红灯区’。我喜欢这种组合，并且尊重这种社区环境。”

- 如今，店里的主力消费群体包括艺术家、演员、企业家，也有居住在附近区域的人。“我们欢迎不同的人到店里来，理念是很开放的。我在选品方面的决策，并没有太受潮流趋势和消费习惯的影响，我主要相信自己的直觉。”
- 安德烈亚斯的办公室紧邻店铺，他的日常都是围绕着店铺展开。“我的爱好就是我的店铺，所以现在我们的新店波茨坦大街 81 号的空间，可以为我最喜欢的艺术家和摄影师举办展览。我喜欢去托马斯·菲舍尔画廊（Thomas Fischer Gallery），就在我店铺的对面。”
- 在他眼中，柏林是一座有魅力的城市。“也许是因为这里能用很低的生活成本获得很高的生活品质，即使房价租金上涨以及阶级分化等问题正在成为热议的话题。但在巴黎或伦敦，生存压力相对更大，拼命工作，或许只能保障基本生存。相比之下，柏林仍然有一定的自由度，你还是可以花 4.9 欧元（1 欧元约等于 7.88 元人民币）吃一顿还不错的午餐。但在巴黎，这些钱可能连一杯好咖啡都买不到。当我去巴黎参加时装发布会时，我才意识到这一点。在柏林，你可以整天泡在各种画廊、展览馆里，或是每天聚会，在大城市中有这样的自由度是难能可贵的。”

关于安德烈亚斯·穆尔库迪斯 Andreas Murkudis

在指导柏林"物的博物馆"的15年间，安德烈亚斯·穆尔库迪斯确立了自己在城市艺术界的地位。他于2003年在米特区的一个后院开设了他的第一家商店，建筑前身是《每日镜报》印刷厂的原址，坐落在附近的艺术画廊的后院。并且总是寻求创造性和未分配的环境，于2011年搬到舍嫩贝格区。

广阔的工业空间展示了安德烈亚斯在博物馆般的氛围中独特的产品选择。根据他对清洁美学、高品质和长寿的基本信念，他只选择他自己想要拥有的东西。这些物品不会屈服于趋势，每一个都讲述着自己的故事并随着时间的推移而增加内容。它们彼此间的"对话"，引起了访客的兴趣，让他们感知每件物品的个性。

商店的氛围自由且安宁，使其与通常的快节奏零售店区别开来。我们鼓励游客花时间探索精选的产品和故事。通过品牌展示和特别活动，安德烈亚斯经常邀请朋友和客户与商店建立有趣的关系，从而在经营方式上获得新的动力和灵感。

安德烈亚斯的客户来自世界各地，拥有不同背景。物品和商品的种类反映了这种多样性，所有这些都源自一个简单的目标：安德烈亚斯想要让那些来到他店铺的人感到惊讶。

During his 15 years directing Berlin' s Museum of Things, Andreas Murkudis established himself firmly in city' s art scene. He opened his first store in a backyard in Mitte in 2003, and, always seeking creative and unassigned surroundings, moved to Schöneberg in 2011. Located in the former printing workshop of the daily newspaper Tagesspiegel on Potsdamer Strasse, Andreas Murkudis is now found among a variety of art galleries.

The vast industrial space shows Andreas Murkudis' unique selection of products in a museum-like atmosphere. His selection consists of things he would love to own himself, based on his fundamental belief in clean aesthetics, high quality and longevity. The objects do not bow to trends, each of them tells a story of its own and grows in value over time. Displayed in dialogue with one another, they open up the visitors' perceptions, inviting them to sense each item' s individuality.

The store' s atmosphere captures a freedom and tranquility that sets it apart from the usual, fast-paced retail world. Visitors are encouraged to take their time and explore the curated selection of products and their stories. Hosting brand showcases and special events, Andreas Murkudis frequently invites friends and clientele to develop playful relationships with the store, as well as give fresh impetus and inspiration, in a place where attitudes become form.

Andreas Murkudis' clients come from all over the world and from many different backgrounds. The range of objects and goods reflects that diversity, all united by a simple goal: Andreas Murkudis wants to astonish the people who come to his store.

STORE
COMPANION COFFEE

VOO 商店：用好奇心滋养时尚

Words: 赫伯特·霍夫曼 Herbert Hofmann Photography: VOO Address: Oranienstraße 24, 10999 Berlin Opening hours: 周一—周六 10:00—20:00 Web: vooberlin.com

▶ VOO 商店是位于柏林克罗伊茨贝格区的概念空间，这个商店占据 300 多平方米，前身是一家锁行。

▶ 我来自奥地利蒂罗尔州（Tyrol）的城市兰德克（Landeck）—— 一座非常美丽的高山小城。大学时期主修地理专业，为此在斯德哥尔摩生活过一段时间。正是这段生活经历，激发了我对时尚的兴趣。

▶ 我在上学期间常常到柏林旅行，最终决定在完成学业后来到这里定居。迄今为止，我已经在柏林生活了 10 年。

▶ VOO 商店不仅仅关乎时尚，还与音乐、文化、文学和艺术有关。刚开始，我与 VOO 的合作只是为其做一些开店的公关活动，比如招揽客人及一些优秀媒体。但最终我留在了这里，工作上也承担更多的责任。我开始负责店内的选品，同时作为店铺与客户间的沟通纽带。作为创意总监，我带领 VOO 与摄影师和平面设计师紧密合作，社交媒体上的视觉素材，绝大多数都由我自己完成。我同时负责文案组织、店铺视觉呈现。

VOO
STORE

in2_berlin

▶ VOO 商店目前包括大约 40 个品牌，包含杂志、家具和设计品供应。我和同事蒂博•尼约内(Thibaud Guyonnet)一直坚持开放的选品原则，持续关注一些新晋品牌或设计师，将其加入当季选品范围。当然，产品呈现的感觉和背后的故事，必须与我们的价值观和美学匹配。我们希望到达消费者手中的商品，不会因为所谓的“过季”而失去价值。

▶ 柏林人很有自己的消费原则。他们不容易被炒作吸引或是受趋势引导而掏钱包。想要在柏林获得消费者的青睐极具挑战性。从一开始我们就觉得人们购买欲不强，但是如果他们要买的话，就会选择那些历久弥新的商品。当然，柏林也在发展。它不像 10 年前那样消费低靡和一副未开化的模样，人们开始变得有钱。

▶ 在独立风格和时尚潮流之间保持平衡的最有效办法，是在任何情况下，都尽量以我们自己的方式去展示产品，并将这些新选品与我们既有的品牌和创意组合起来。比如，一双款式不夸张的鞋子也可以看起来很时尚，因为周围的环境给了它新的解读视角。我们明白，让客人接纳一个新品牌也许要花 3 个季度的时间，这需要投入足够的成本和耐心，但对于新品牌在店铺内的发展，这是最好的方式。

▶ 我们有各种各样的顾客，从年轻的到年老的，他们的共同点是好奇心旺盛，而且与我们对审美有着相同的品位。我们畅销的商品并不固定，但都特点鲜明，正如你可以想象的，我们的选品并不总是相同的，如果一个品牌的选品没有太大吸引力，我们也不会买很多，我们会把预算留给其他品牌。许多零售商对某些品牌有固定的预算，但我们不这么做。

▶ VOO店铺是比较粗犷的风格，一直保持着建筑原始的样子。在过去的7年里，远离时尚界的商业运营模式，对我们有很大帮助。柏林没有巴黎、伦敦或米兰那样的时尚氛围。我认为它更放松，做生意也不必以那么简单粗暴的方式。柏林给人的感觉就像一个过滤器，使设计师的头衔等信息，在某种程度上不那么重要。时尚应该是有趣的，而不是谁酷就被谁统治或以不单纯的方式来过度解读。

in2_berlin

▶ 日常生活中，我喜欢去柏林的公园，经常骑自行车环游这座城市。如果来到柏林，推荐去滕珀尔霍夫机场遗址，你可以在跑道上骑车、跑步。柏林到处都有很棒的餐馆和咖啡馆，还有像 Boros Bunker 这样有惊人的艺术收藏品之地。

▶ 当然，音乐场所也不可错过，在 Berghain（柏林知名夜店）的夜晚让人充满能量。

关于赫伯特·霍夫曼 Herbert Hofmann

赫伯特·霍夫曼，VOO 首席买手，创意总监。他来自奥地利蒂罗尔州的兰德克，在大学毕业后先后在因斯布鲁克和斯德哥尔摩学习地理。这段学业经历不仅使他学习到大量地理知识，也使他接触了诸多关于各个城市的吸引人的闪光点。2009年毕业后，赫伯特来到柏林，他渴求在这座开放又多元的城市里开启全新的生活方式。工作之余他会在城市中四处漫步、参加聚会。赫伯特对时尚的敏感形成于大学时期，课余只要有时间就会去滑雪。然而他对滑雪服的设计十分挑剔。可以说滑雪服是赫伯特的时尚启蒙。

Herbert is originally from Landeck, Tyrol. After school he studied geography in Innsbruck and Stockholm. Besides providing him with a lot of general knowledge, he learnt a lot of exciting facts and aspects. After graduating in 2009 he went to Berlin where he had the desire to do something completely different for once. That was in 2009. After two months he had enough of the Berlin spirit which is often shaped by laying around, partying, and taking each day as it came. During university he would always go straight to the skiing slopes after class. His penchant for clothes was quite obvious due to skiing outfits. Let' s just say it was much more thought through than the others.

Ann-Christine Bertrand
C/O Berlin
AMERIKA HAUS
22-24

美国楼中的 C/O 柏林展览馆

Words: 安 - 克里斯蒂娜 · 伯特兰 Ann-Christine Bertrand Photography: David von Becker

▶ "C/O Berlin"，是柏林的一家摄影展览馆。2200 平方米的空间里，每年不间断地展出一些摄影师的摄影作品，同时举办相关内容的展览、讲座和研讨会等活动。C/O 为 Care of 的缩写，这个名字表达了一种主动性和灵活性。

▶ 2010 年，我加入了"C/O 柏林"。此前，我有幸被选入，2008 年"C/O 柏林"发起"艺术评论人才"培养计划，从那时起，我就以兼职形式经常和他们一起工作。我在巴黎工作过几年，也曾在维也纳做过策展人，从事过艺术评论等工作，为一些不同的文化机构或艺术家策划相关艺术项目。也是法国杂志 *Revue Pour l' image Contemporain* 的联合创始人。

▶ “C/O 柏林”是以慈善基金会的形式开设的。自 2000 年以来，被当作一个具有国际地位的文化项目创办起来。我们为摄影作品和视觉艺术提供展览场所，通过这种形式，也希望激发儿童、青少年以及成年人对视觉艺术的探索。这基于三位创始人 —— 摄影师斯蒂芬 • 爱尔福特（Stephan Erfurt）、设计师马克 • 纳罗欣（Marc Naroska）和建筑师因戈 • 波特（Ingo pott）的自发组织。在 18 年的发展

过程中，该馆得到了公众的广泛好评。

▶ 以此为基础，“C/O 柏林”逐步完善了独立运作的商业系统，通过入场费、图书收入、赞助，以及捐赠的支持，我们每年可举办 10 到 15 场主题展览或群展，得到国际著名摄影师如马丁 • 帕尔（Martin Parri）、南 • 戈丁（Nan Goldin）、安东 • 寇班（Anto Corbijn）、彼得 • 林德伯格（Peter Lindbergh）、斯蒂芬 • 肖尔（Stephen Shore）的支持。也通过艺术家对话、讲座等活动，使活动多样化。与此同时，我

们也经常与世界各地的博物馆、画廊、艺术品收藏家、策展人合作。

- 每年，“C/O 柏林”会发起一次名为“天赋”（Talents）的专为年轻人举办的当代国际摄影作品及艺术评论竞赛。每年有 4 次个人展览，分别被归入一个展览名录中。这个人才培养计划是在 2006 年推出的。作为一项支持当代年轻摄影师和艺术评论家的国际赛事，优胜者可获得个人展览的机会和出版物的一期报道。成立至今的 10 多年里，该项目已经资助了超过 80 位艺术家和艺术评论人。
- 现在的人才培养计划已变更为“C/O 柏林天赋奖”。奖项颁发给一位杰出的摄影师新人和一位艺术评论家新人。二者均由来自各国的专家通过网络提名，然后由国际评审团在柏林选出。
- 获奖者还将获得 10 000 欧元的奖金，由 Spector Books 出版的个人德语、英语双语出版物，以及在“C/O 柏林”及其他国际机构举办个展的机会。2018 年获奖者是奥地利艺术家斯蒂芬妮 • 莫沙梅尔（Stefanie Moshammer）。这个奖项面向全球各个地区的新兴艺术家们，目的是在当代摄影领域，发现更多有创造力的优秀人才。
- 我一直对摄影从数字化过渡到电子时代的过程很感兴趣，当然也包括对这种转变带来的创作和认知方法差异的好奇。为此我发起了“C/O 柏林图书日”项目。作为传播摄影作品的媒介，摄影图书同样正在经历一个重要的过渡过程，也是需要去聚焦、研究的。因此，“C/O 柏林图书日”对于独立出版人及出版机构来说，是一个高质量的平台。
- 在 2011 年成立之初，像卡塞尔市的图书节一样，人们对摄影图书的关注度还不是很高。从一开始，我认为，要把重点放在网络和电子时代影响下的呈现方式的变化上，包括展示摄影图书的新途径。因此，我们尝试将摄影作品的画册通过不同的方式集合呈现。例如，我们做了 photobook-slam，有现场演示、表演，设立工作坊，还会组织专家对谈讨论，比如马摩斯 • 谢登（Markus Schaden）、夏洛蒂 • 科顿（Charlotte Cotton）、布鲁诺 • 切斯凯尔（Bruno Ceschel）、杨 • 温策尔（Jan Wenzel）和扬妮克 • 布约（ Yannick Bouillis）。今年我们会更进一步。在德国甚至国际上，关于摄影的博览会越来越多，似乎当前的形式会逐渐过时。
- 因此，我邀请来自伦敦 SPBH（Self Publish Be Happy）组织的布鲁诺 • 切斯凯（Bruno Ceschel）来创造一个全新的“读书日”。这将是一次新形势的改革：通过召集摄影领域的专家和学生，以及世界各地的其他领域的专家，从拍摄的场景到公众对于摄影作品的态度，来讨论写真集目前和未来的可能性。我对这个新概念感到非常兴奋，但同时也意味着有风险：当你走上新路时，你永远不知道结果。但重要的是要迈出第一步。鼓励人们跳出思维的框架，这正是我们要做的事情。

- 在 2015—2016 年间，我参与举办了一个名为“观看”的大型团体持续将近一年的系列活动，包含许多场关于时代热议话题的对话和讲座。
- 活动聚集了希朵·史戴尔（Hito Steyerl）、特雷弗·佩格伦（Trevor Paglen）、詹姆斯·布赖德（James Bridle）、布鲁姆伯格和沙纳兰（Broomberg & Chanarin）等国际艺术家，3 个月内约 3 万人参加。这次经历非常有趣且具有挑战性，因为来自四面八方的信息很繁杂，我们必须慎重考虑，从中选择最为合适、预计效果会更好的那个。我很高兴我不仅接触到了很多摄影作品，而且了解了很多大型的、特定现场的装置和视频投影的技术。因此，与二维空间相比，我在三维空间方面做的工作更多。

▶ 我喜欢摄影，因为它是一种亲民且多样化的媒介，这种具有多样性和丰富性的艺术有它自己的原则，所以我觉得很难说"这比那更好"。我对新概念的表达方式也很感兴趣，除了纯粹的视觉表现，往往还可以加入很多其他的理解角度和方式，扩大摄影作品理解的范围和可能，比如通过雕塑或装置，一次性地提供更复杂的解读方式。但我也会被一些直接的、纪实的照片打动，不论其中讲述了一个有趣的故事，还是仅仅体现了美丽的事物。

▶ 柏林不是一个意味着"结束""完成"的城市，它还在不断建设中，吸引着大批国际艺术家，为他们开放了很多有关创意、思考和交流的空间。这是我非常喜欢这座城市的理由之一。在柏林，著名艺术家的作品或展览，出现在城市的各个角落。

关于安 - 克里斯蒂娜 · 伯特兰 **Ann-Christine Bertrand**

安 - 克里斯蒂娜 · 伯特兰是“C/O 柏林”的策展人，负责与年轻一代相关的、当代艺术以及摄影媒介的工作，她曾多次为新兴艺术家策划国际展览，包括彼得 · 帕克鲁斯(Peter Puklus)、维克托里亚 · 宾斯柯特(Viktoria Binschtok)、亚当 · 杰普森(Adam Jeppesen)、布鲁姆伯格和沙纳兰及托比永 · 罗兰德(Torbjørn Rødland) 等。也策划过各种团体展览，包括摄影艺术、光学艺术、当代静物摄影等。她与阿姆斯特丹泡沫摄影博物馆合作发起过 *BACK TO THE FUTURE* 展览。展览展示了 19 世纪的摄影技术，艺术家们从早期摄影中汲取灵感，使用光感材料将化学过程与 3D 打印技术融合。展览将这些作品与 19 世纪的杰作配对，用开放的态度反映视觉自由的精神，也将 19 世纪的先驱者和现代同行们联系在一起。 :n

Ann-Christine Bertrand is curator at C / O Berlin and responsible for young, contemporary positions as well as questions about the future of the medium of photography. She has curated numerous exhibitions with international rising artists. She has also curated various group exhibitions, most recently WATCHED! Surveillance Art & Photographyand OPTICAL ILLUSIONS - Contemporary Still Life Photography. She is currently collaborating with Foam Amsterdam on the exhibition BACK TO THE FUTURE - The 19th Century in the 21st Century, which will be screened at C / O Berlin in autumn 2018.Taking inspiration from that early photography, the artists work with light, photosensitive material, photographic emulsion, and chemical processes. This open-minded approach reflects the spirit of visual freedom that unites the pioneers of the nineteenth century and their modern-day counterparts.

DAZED
TANK
AnOther
GARAGE
MUSE
encens
Numéro
Wonderland
ART AUREA
lula.
Hallo ich bin Erik
soda

苏打书店：专卖“冷门”杂志的小众书店

Words：兴晨 Photography: Julia Zierer、Aleksandra Serafimovich、Cassidy George Address: Weinbergsweg 1, 10119 Berlin. Opening hours: 周一—周五 11:00—19:00 周六 12:00—19:00 Web: http://sodabooks.com

▶ 小众独立杂志爱好者和独立出版人对苏打书店不会陌生。2004 年，创始人塞巴斯蒂安·斯泰奈克尔（Sebastian Steinacker）在慕尼黑开了第一家苏打书店，柏林分店在 2015 年 1 月开业。书店内售卖的出版物多为视觉设计大胆开放并且足够小众的杂志，这里也因此成为了解柏林的必到之处。

▶ 创始人塞巴斯蒂安常驻慕尼黑，柏林店交给伊莎贝拉·于梅尔（Isabell Hummel）打理。伊莎贝拉是土生土长的慕尼黑人，并在那里完成学业。毕业之际她经营过一家小型概念店，恰巧位于苏打书店慕尼黑店的对面。就这样她认识了苏打书店的创始人。

BERLIN
032c
Richardson
ACHTUNG
JE SUIS DUMMY
Flaneur
DUST
CATALOGUE
Flaneur
B BOOK
KALTBLUT
LODOWN
DAMn
PAPER
JUXTAPO

▶ 2013 年，伊莎贝拉搬到柏林，做起了奢侈品买手，通过那段经历练就了零售业务能力。一年后，苏打书店的创始人塞巴斯蒂安与她聊天时提及了在柏林开设分店的想法，表示想请她做店铺经理，于是二人一拍即合，一起选址筹备。

▶ 柏林店开业后，伊莎贝拉负责书店的一切事务。从选书、视觉设计、客户服务、销售、书籍陈列到与出版商对接等。苏打书店的选书标准可概括为视觉设计大胆开放、排版别致、摄影作品优秀，以及纸张触感优良等。与各家出版社保持密切联系，使得书店得以在第一时间上架最新的书籍和杂志。“‘选择能满足好奇心的出版物’相当于我们的基本原则。好奇意味着对新事物的渴望或追求，这正是杂志出版商在创办杂志时的初衷，也是读者为此买单的理由。我想，这也是激情和兴趣的结合。”

▶ 苏打书店的室内空间以简洁为主，一切只为突出出版物。每一本书都有独立的展示空间，尽量不堆叠。空间角落有供游客随身带走的城市旅行指南。“柏林在过去的几年发生了很大变化，但它仍然是一个相当悠闲的城市。与伦敦相比，柏林的节奏相对缓慢。仍有许多创意人和艺术家生活在这座城市，因为无论怎样变化，柏林总是可以容纳各种可能性。柏林人的阅读习惯是不尽相同的，有真正喜欢收集杂志的人，有在书里寻找灵感的，也有只是对某一本的主题感兴趣的读者。柏林人往往对‘酷’或‘激情’的内容比较感兴趣。”

ELEPHANT
GIRL ON GIRL
HOW A NEW GENERATION
OF FEMALE ARTISTS

double

伊莎贝拉·于梅尔推荐书单

- *Apartamento_* 被广泛认为是当今最有影响力、最鼓舞人心、最诚实的室内设计杂志。自2008年起，它就体现出国际化、设计精良、文字简洁的特点，是热爱生活的人不可或缺的资源。该出版物每半年在巴塞罗那总部出版一次。在米兰和纽约设有办事处。
- *MacGuffin_* 杂志每期都围绕着一个对象，它让读者对鼓舞人心的、个性化的、意想不到的、非常熟悉的或完全被忽视的事物有更深入的了解。
- *The Plant_* 除了以简约、精致的方式编辑植物内容外，还为植物爱好者提供景观塑造的参考，它展示了许多有创造力的作品，分享了对植物的热爱。来自世界各地的摄影师、插画家、设计师、音乐家、作家和视觉艺术家汇集在书中，分享他们对植物的独特看法和经验。
- *The Gentlewoman_* 展示了现代女性的风格和追求。这本半年一期的杂志为时尚提供了一个全新的、富有智慧的视角，它关注的是个人风格——女性的长相、思维和穿着方式。以令人振奋的内容和高质量的摄影作品为特色，通过个性和充满吸引力的版面形式，展示女性之美。这些特质也是其官方网站的核心。

in2_berlin

Die
MÄRCHEN
der
BRÜDER
GRIMM
THE SUPER BOOK FOR SUPER-HEROES
MACH DIESES BUCH FERTIG
FINGERPRINT ART

self service
an everyday life interiors magazine – issue #16
apartamento
chairs
designermöbel klassiker des 20. Jh.

关于伊莎贝拉 · 于梅尔 **Isabell Hummel**

伊莎贝拉 · 于梅尔是苏打书店柏林店的负责人，大学时主修新闻学。但毕业后选择从事零售业，她曾经经营的小型概念店就在苏打书店的慕尼黑店的马路对面，伊莎贝拉 · 于梅尔因此与苏打书店的创始人相识。2015 年，二人一起在柏林创办苏打书店新店。伊莎贝拉 · 于梅尔认为数字媒体无法取代纸质杂志的质感，包括气味，以及真实可见的扎实设计。读书、读杂志成为伊莎贝拉·于梅尔的生活习惯，无论日常走在街上还是出门旅行，她都会在包里装上杂志。伊莎贝拉 · 于梅尔长期沉浸在挑选杂志、图书的业务中，渐渐对独立出版有了见解。“创办杂志不是件容易的事情，必须非常清楚自己的目标受众是谁，甚至对性别也要有所预估。通过建立一种值得信赖的外观、气质、语感和视觉，杂志成为一种可以与读者联系起来的媒介。”

Isabell Hummel studied fashion journalism, so she was always connected to the world of magazines, but somehow found herself working in retail. She was running a pop-up shop across the road from the first Soda store when she met the founder. They became friends and in 2015 they opened a new shop in Berlin together. “Magazines, as we all know, aren’ t having the easiest of times. They have to be very conscious about who their target audience is. But by establishing a trusted look, feel, tone, and visual, magazines create something palpable that their reader can relate to. They know it’ s going to give them something of value each time, a good overall look at the topics they’ re interested in. That’ s how magazines relate to their readers, by building a culture.”

05

do you
read me
&
Mark
Kiessling
PRINT IS
NOT DEAD!*
*www.Gallery-Print.de

极佳旅行目的地：“Do you read me?!”书店

Words: 兴晨 Photography: Schmott Inhaber: 马克・科斯林 Mark Kiessling Address: Auguststraße 28 10117 Berlin Opening hours: 周二—周六 11:00—19:00 周日 12:00—19:00 Web: www.doyoureadme.de

▶ “Do you read me?!”是一家主营杂志的书店，坐落在柏林的米特区。店内杂志类型覆盖旅行、设计、艺术、音乐和建筑等领域，都是高度视觉化的出版物。联合创始人马克・科斯林关于开书店的想法，源于自身的旅行经历。对他来说，书店是各个城市的极佳旅行目的地。2001 年，“Do you read me?!”诞生了。

▶ 马克・科斯林是一名平面设计师，沉浸在出版印刷行业多年。从标识设计到企业形象视觉传达，从宣传手册制作到展览传单设计，在他眼中都是有创造力的工作。丰富的视觉设计经验为他创办书店打下基础。

▶ 旅行方式有千万种，但马克一直把各个城市的书店作为旅行目的地。书店、报刊亭和路边书摊，都是他的旅行地点。他相信不同城市的出版能力与城市发展程度有直接联系，深度挖掘会收获惊喜。“很开心看到东欧的新一代出版商为英国读者开发了诸多有趣读物。”

▶ 在为“Do you read me?!”选址的时候，恰好马克的工作室负责阿迪达斯（adidas）的项目，需按照合适的地理位置为其在城市中心打造一家概念店。这个过程让马克从中获得更多关于选址和室内设计的经验。从决定开书店的那一刻起，所有筹备工作在 6—8 周施工完成。

MANIFESTA
ZUSTANDSAUFNAHME
FIUZA FAUSTINO MISARCHITECTURES
JUMP BOOK
THE NARCISSISTIC CITY
Passengers
OH SO PRETTY
LES PLUS BEAUX LIVRES FRANÇAIS
TRISTAN MANCO
HENRY JAMES | BILD & TEXT
GOLDEN DAYS BEFORE THEY END
NOSTALGIA
GASOLINE AND MAGIC
Facing the Wall
PRINTMAKING
TASCHEN
CLOSE OUT
OUT OF THE O
STEFANO CAGOL
LIFE IS STRANGE
NATURE MORTE
HOW TO SEE
George Nelson
Annual Pictorial
2014
Die Berlinerin
DAIDO TOKYO
Peter Pukius
Story of a Warrior
NICE TO MEET YOU AGAIN
First Things First!
SLATE BLANK
Feed Me!
Design Dilemmas
Boris Groys

LIFE IS STRANGE
re-PRISE
dada
Afrika
The New Curator
Olafur Eliasson
ROAD WALLAH
Lightning
men's file
GQ Style
Another Man
Arca
kid's wear

- "Do you read me?!" 坐落在米特区的奥古斯特大街(Auguststraße)，这里毗邻诸多文化场所，周围也有大小购物商场、画廊、咖啡馆和聚会场所，这都为书店带来了稳定的客流。
- 对于书店来说，如何充分展示出一本杂志的特色是一门技术活。"我们决定尽量展示杂志的封面，而不像多数书店那样码堆。我对书店的愿景是让每本杂志得到充分的关注。由于我们的空间只有50平方米左右，所以必须经过慎重筛选才能达成这种愿景。""Do you read me?!"一直给予一些不知名的杂志更多机会，而能使书店保持固定顾客群的恰恰是这一点。马克相信"出人意料的发现是灵感之源"。
- 在"Do you read me?!"，出版物中有80%是杂志，书籍只占20%。这始于他最初的想法——希望这家店是一家杂志专卖店。"我看见出版市场上诸多杂志靠广告存活，但我选杂志的原则是杂志内的广告不超过10%。我很高兴可以支持这些不靠广告盈利的出版团队。其实我们在选择出版物的时候，并没有试图在类别上进行过度区分，无论是限量版、高印量，还是复杂的印刷工艺，只要它在某种程度上独特、有意义且制作精良，其他都不重要。"
- 关于互联网高速发展的时代阅读变得越来越电子化的看法，马克认为读者有必要认清"阅读"和"浏览"的区别。"我认为用智能手机和网页刷帖子，这不是阅读，而是浏览。随着越来越多的人依赖网络工作，出版物就变得更加重要，因为它有助于冷静思考和专注。"
- 从创办至今，"Do you read me?!"先后被国内外媒体评为柏林最好的杂志店，马克对于此类评选持理性的态度。"我更愿意承认'Do you read me?!'是柏林寻找独立杂志的最佳选择地，但我不会认为自己是柏林最好的书店。其实现今的商店规模限制了我们更大的自由空间，对于支持出版

物发展，我们还有很多未实现的想法。所以我们的重点不能被头衔影响。”

▶ 在过去几年里，“Do you read me?!”多次尝试过快闪活动，马克将其命名为“书店以外”。这是一种阅读项目，在书店外的空间举办展览、讲座和演讲等。在不同城市设定不同主题。马克在这个过程中探索新鲜事物。

▶ 作为一名个体经营者，马克一直围绕自己的各种想法打造自己的日常。他常说，想要成就自我就一定要喜欢自己的生活并且对其信服。在柏林，他有机会遇见越来越多的有趣的人，每年与成千上万种杂志接触并举办市场活动，偶尔出去旅行。他认为这种生活状态不是无意义的，反而可以使自己保持专注，不迷失自我。

▶ 马克在柏林的日常重复而有序，早晨 6 点钟起床，首先回复待办邮件。9 点钟看书，随后进行书店的打扫和陈列工作。午餐时间约朋友见面，书店周围有他喜欢的咖啡馆。像 Altes Europa、Mozzarella-Bar 或 Kantine。而下午的时光专注于内容选题的筛选和讨论。每天下班后便是与家人相处，享受陪伴的时光。

▶ “重复的日常容易让人迷失，只有阅读能让人保持清醒与专注。”

in2_berlin

LOST
Flaneur
Rouleur
CURVES
SPOOKY
TANK MOTO

"Do you read me?!"推荐刊物和书单

▶ *Real Review* _ 这是一本双月刊的建筑主题杂志，包含所有关于现代生活的讨论，非常有价值也很有趣。

▶ *Idler*_ 这本是汤姆•霍奇金森(Tom Hodgkinson)关于生活艺术方面的书，适合慢速阅读。能够提供精神上的治愈，鼓励思考，

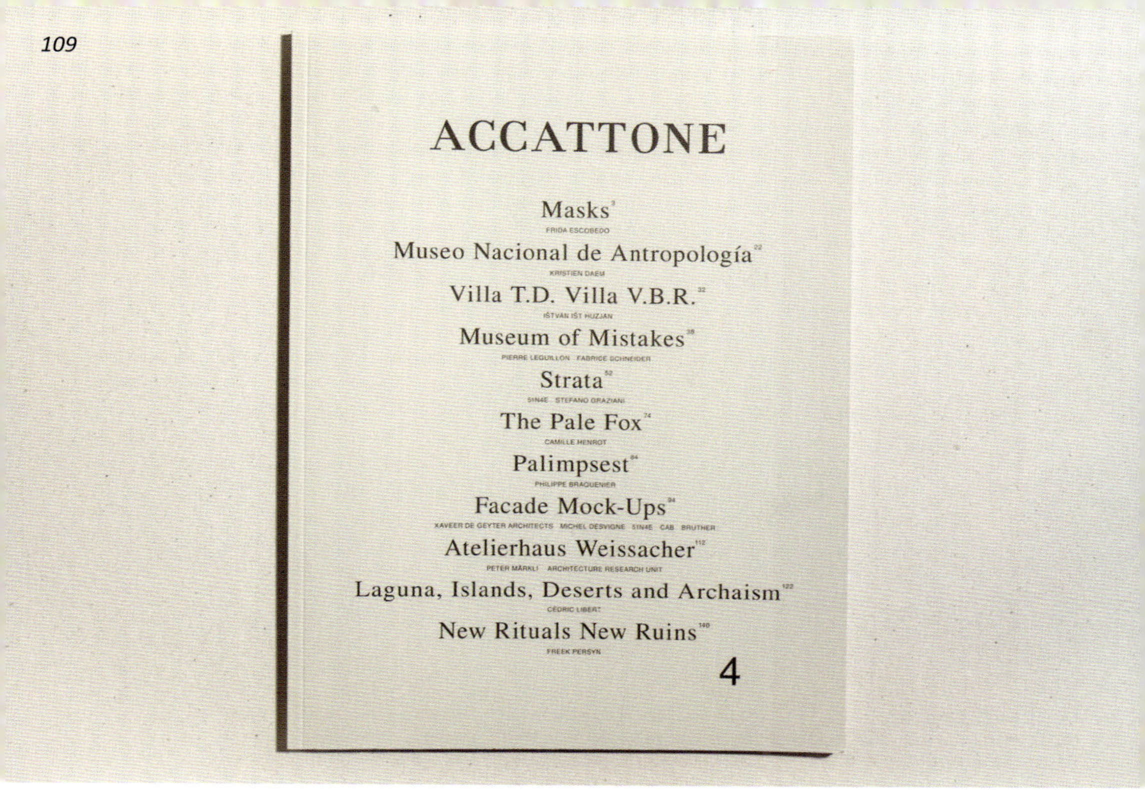

稍微有些批判资本主义。总之是一本很好的读物。

- *Accattone*_ 这是来自比利时布鲁塞尔的一本独立刊物，它结合了店主的一些兴趣领域，比如建筑、设计和艺术，反映了店主对非虚构类出版物的认知：纸上展览。
- *Vestoj*_ 这是一本关注服饰工艺的杂志，汇集了专业领域和行业前沿内容，充满批判性，同时展示复古时尚。

关于马克·科斯林 Mark Kiessling

马克·科斯林是“Do You Read Me?!”的联合创始人，毕业于科隆国际设计学院。在辗转各个机构与自由职业之后，于 2002 年与一位来自科隆的朋友一起创办了设计工作室 Greige。

Greige 致力于提供广泛的创意解决方案。当马克还是个孩子的时候，父母经营过一家皮具店，所以他从小对商店零售环境很熟悉。马克·科斯林在创办“Do You Read Me?!”之前对书店特别关注，经常光顾柏林的优质书店，比如 ProQM。他对纸张和装订感兴趣，在书店常常以研究印刷品为乐趣。

Mark Kiessling is the owner and co-founder of Do You Read Me?! Mark Kiessling graduated from Cologne International School of Design before settling down on Berlin. After freelancing at various agencies he opened his own design studio, Greige, with a friend from Cologne, in 2002, and together they built themselves a name on the Berlin design scene. When he was growing, his parents had a store where they sold leather goods, so he was always used to being in a store. Before he opened Do You Read Me?! He frequently went to other good bookstores like ProQM here in Berlin.

Daniel
&
Photography

丹尼尔·穆勒：用摄影了解过去，激励当下

Words: 丹尼尔·穆勒 Daniel Müller Photography: Elena Strütt、Daniel Müller

▶ 我来自德国北部小镇不来梅。在那里学习设计后，2013 年搬到柏林发展摄影事业。

▶ 我住在新克尔恩区（Neukölln），这是一个很有活力的地方，有大量移民居住在这里，不论是工人阶级还是各领域的专家。早晨喝咖啡是我一天中必不可少的重要步骤。

▶ 我曾经在大学老师的摄影工作室帮忙，那段时期，让我对摄影更感兴趣。之后，我陆续接触不同领域的摄影工作，合作对象有新闻机构，也有杂志等出版机构，于是正式走上摄影的道路。

▶ 旅行是我的生活中不可或缺的一部分，路途中我能捕捉到很多有趣的场景，我对融入全新的未知领域总是很感兴趣。我喜欢去游客稀少的地方旅行，那样能够被陌生环境环绕，同时也能去充分感受它。

▶ 比起创作一张在照片墙（Instagram）上流行的照片，我更喜欢在现实中结交新朋友，了解不同的文化。

▶ 用镜头捕捉不同的风景，并充分参与其中，这是我在摄影中获得的最大乐趣。我的摄影风格通常以人物为核心。目标是串联起这些碎片化场景，讲述一个能引起其他人共鸣的故事，我认为这是摄影创作的目标之一。

▶ Freunde von Freunden 和 iGNANT 都在柏林，它们是我经常使用的生活方式平台。我非常高兴能够通过摄影合作结识新朋友、了解他们的过去以及那些激励他们追求美好生活的原因。

▶ 柏林有着悠久的建筑历史，有各种各样的建筑类型，你可以在城市的任何地方看到。我喜欢粗野主义建筑，在斯坦格里茨区（Steglitz）或克罗伊茨贝格区的街区附近有一些。

▶ 尼康 D800 相机、尼康 24-70 毫米 2.8 镜头、足够的电池和储存卡，这些是我的基本工具。特殊的拍摄场景，肯定需要其他更多的设备完成。但对我来说，不可缺少的是一个相机加上一个好镜头。

▶ 在日常生活中，我喜欢随身携带机身轻巧的富士 X100f。我特别喜欢的摄影师欧文·佩恩（Irving Penn）曾说过：我一直很敬畏相机，在我眼中，这种工具，不亚于斯特拉迪瓦里斯（Stradivarius，一家品牌女装连锁店），或最锋利的手术刀。尽可能地了解拍摄对象，掌握这个人的行为举止是很重要的。通常，我会试

丹尼尔·穆勒作品

WORKS OF DANIEL MÜLL

1

2

3

4

5

OF.
MÜLLER

1
Marcel Dettmann，柏林知名夜店 Berghain 的常驻 DJ（音响调音师）。自由与音乐贯穿他的人生，他从 20 世纪 90 年代开始游走于柏林各大新兴俱乐部。如今是世界著名的 Techno DJ 和制作人之一。他的混音作品不仅被收录在 DJ Kicks（曾被誉为最重要的 DJ 混音系列）中，也是柏林 Techno DJ 档案馆的主要作品。

2
Hildur Guðnadóttir，冰岛大提琴演奏家、作曲家和歌手。她一直深耕于实验流行音乐和前沿的当代音乐。从小时候开始演奏大提琴，进入雷克雅未克音乐学院，随后转入冰岛艺术学院和柏林艺术大学音乐学院学习作曲。2014 年被北欧音乐理事会奖提名。

3
德国画家 Sati Zech 的大麦町犬。近 10 年来，Sati Zech 一直在马拉喀什的美术学院授课讲学。她的作品在技术上虽然被称为绘画，但一个个充满活力的系列作品在绘画与雕塑之间的浮动，她称之为“动态创作，无视类别”。鲜红色是她的作品的标志性颜色。

4
达勒姆植物博物馆，坐落在柏林策伦多夫区。43 公顷国家保护园地中分布着来自全球各地的两万种植物。历史上曾被用来种植蔬菜，如今是柏林自由大学的设施。

5
丹尼尔·穆勒为柏林 FVF 平台采访进行拍摄。对艺术家 Julius von Bismarck 进行全程跟拍，取景于 Julius von Bismarck 的工作室。

着阅读一些关于拍摄对象的相关访谈，以便真正了解他们的日常生活，以及他们关心的点。一旦你能和对方谈论他们所关心的话题，气氛马上就会活跃起来。另外，要准备的是尽量多地了解拍摄场地的情况，看看之前的照片或者实地前往，以便找到光线最好的场景。我喜欢给我的照片增加一点景深和对比度，并着重在图像的色调上进行调整，以保证看起来有温暖的感觉。我相信，在摄影作品中加入个人风格是出众的基础。

▶ 有很多地方我想推荐给第一次来柏林的人。比如，滕珀尔霍夫机场旧址，现在是滕珀尔霍夫公园，非常值得去逛逛。文化机构像柯尼格画廊、HKW，还有曾是战争时期军用场所的私人美术馆 Boros Bunker 也很有趣。如果不想去繁华和喧嚣的地区，还可以去参观达勒姆植物博物馆，那里有时候会举办非常有意思的集市或其他活动，就像是一个花卉市场。

▶ 柏林是一座滋养艺术的城市，我为自己能在这里生活感到幸运。

关于丹尼尔 · 穆勒 Daniel Müller

丹尼尔 · 穆勒，德国不来梅人，在故乡学习设计，2013 年决定搬到柏林发展摄影事业。擅长拍摄人文景观和生活方式，也为世界各地的出版物拍摄照片。

:h

Daniel Müller from a nothern town in Germany called Bremen. After studying design in a small town I decided to move to Berlin in 2013 to pursue a professional career in photography. He is good at Documentary and Lifestyle. And working for Publications all over the world.

IV

Good to drink

Good to drink

07

金矿咖啡馆：
咖啡中的“柏林精神”

A
A
A
A
A
A
A
A
A
A

LEMONAID+

in2_berlin

Words: 兴晨
Photography: Mathilde Karrer

Inhaber: 尤米・乔(Yumi Choi)、
凯杜克・瑞斯(Kiduk Reus)
Address: Bonanza Café Prenzlauer-berg, Oderberger Straße 35, 10435 Berlin
Opening hours:8:30—18:00
Web: http://www.bonanzacoffee.de

尤米・乔：德国人，咖啡品质鉴定师。凯杜克・瑞斯：联合创始人，荷兰人，咖啡品质鉴定师。二人为金矿咖啡馆创始人。

金矿咖啡馆创立于 2006 年，坐落在柏林的普伦茨劳贝格区，靠近传奇的 Mauerpark 跳蚤市场。“Bonanza”意为“为他人带来巨大价值的事物”。

金矿咖啡馆供应 6—10 种咖啡，拥有一套严谨的筛选标准与流程，在正式推出前经过各种测试和品尝。随着知名度的上升，金矿咖啡馆两位创始人试图在筛选原则与客人喜好的口味之间寻找平衡。

金矿咖啡馆内放着一台古董级的烘焙机，两位创始人坚信咖啡豆烘焙是一门艺术，他们希望客人在品尝每杯咖啡之前能够见证咖啡豆的烘焙过程。“我们以这样细致、科学和感情饱满的态度为傲。背后的故事简单、直接地被呈现。”

尤米·乔和凯杜克·瑞斯在咖啡馆的运营上相互配合，在尤米的眼中，凯杜克是一个有眼光的人，被视为金矿咖啡馆的“大脑”，而尤米自己属于店里的心脏。“凯杜克至今只讲德语，我认为得是足够疯狂的人才能和他做合伙人。”

金矿咖啡馆倡导用轻度烘焙的方式体现咖啡的原味，被评价为第三次咖啡浪潮的柏林代表。“咖啡本身的风味就是非常复杂且令人兴奋的。我们的工作就是还原这种尽量不因烘焙而被破坏的味道。这需要掌握烘焙恰到好处的度，过重的烘焙方式会掩盖珍贵的原味。我们使用古董烘焙机是因为材料的品质，但同时也会结合最先进的操控系统，来保证最适度的烘焙。”

在金矿咖啡馆官网上，可看到他们不定期更新的旅行日记。咖啡作为他们旅行最主要的动力，他们在旅行日记中分享亲身去过的地方以及喝过的咖啡。“无论走到哪里，我们都会去了解当地的咖啡店概念。世界各地的咖啡馆正以惊人的速度变化着，咖啡的品质和室内设计同样受到重视。我们印象最深刻的是韩国咖啡馆设计。他们的想法很有创意、充满激情且很有代表性。同时，咖啡馆对于社区来说，就如珠宝一样有点缀的效果。”

在众多旅行目的地中，让他们印象深刻的咖啡馆前三名有：里约热内卢的 Cafè Curto、亚的斯亚贝巴的 Tomoca 老店和首尔的 Coffee Bangatan。

如今，柏林的咖啡馆已融入当地城市生活的方方面面。如约会、见朋友、移动办公、阅读等。“餐饮行业因为上涨的房租和员工成本，逐渐变得有些艰难，但是我们仍在前进，以始终如一的品质来应对多变的未来。”

Kassandra
Mexico

BIELLA
BIELLA
Konga Sedie
Canon
Kassandra
Mexico
La Piedra
Colombia
Muthigi-Ini
Kenya
Suke Quto
Ethiopia

in2_berlin

金矿咖啡馆主张“公平交易差异化”，尤米·乔与凯杜克·瑞斯说：“我们对咖啡豆烘焙一致抱有不断探索的兴趣。对于一些来自特别产地的咖啡豆，生产成本必将大大增加，我们必须为此付出相应的高价，这与我们的烘烤质量相当。所以一味要求低价是不合理的。”

在他们二人眼中，柏林是一座自由的城市。“这是一座在国际环境影响下仍能保持非商业化的人情和初心的城市。虽然没人知道这会持续多久，但柏林精神会延续下去。”

08

谷仓咖啡：谷仓里的咖啡馆

Words: 兴晨
Photography: 谷仓咖啡

Inhaber: 若夫(Ralf)
Address: Schönhauser Allee 8, 10119 Berlin
Opening hours: 8:30—18:00
Web: https://thebarn.de

若夫，谷仓咖啡创始人。

谷仓咖啡的创始人若夫曾是一名鼓手，且在伦敦从事过艺术领域的工作。若夫关于咖啡的记忆，是母亲在厨房为家人准备晚餐的身影。母亲制作的家庭料理影响了他，使他在不同城市生活时无形中关注着与食物有关的东西。

2008—2009 年之间，若夫在朋友的烘焙工作室里工作，这段工作经历深深地影响了他对咖啡烘焙的看法并加深了他的理解。为他经营咖啡店打下了坚实的基础。

在伦敦时，他住在博罗 Borough 附近，那是一个靠近伦敦桥的农贸市场。那里有用种类丰富的农作物做成的食物，当然也少不了咖啡。

CROISSANT
PUR 2,5
CROISSANT
3,5
ALPEN BROT

THE BARN

Vöslauer mit/ohne 2,8
Kokoswasser 4,5
ANZAC Cookie 3,0
Croissant
ALLERGENE?
Hello Markets

谷仓咖啡的咖啡豆大多来自肯尼亚和洪都拉斯。若夫每次前去采购咖啡豆时，都是与当地农民直接联系和沟通的。亲身前往农田，考察那里的光照、土壤和地理位置。交流成为他把关每一批咖啡豆的重要环节。完善咖啡豆烘焙，也是对种植者的工作价值的尊重与肯定。“一个地区的农作物和农副产品如果要得到传播与售卖，个人的力量是非常有限的。当我把一批又一批咖啡豆运输到柏林，这也是对当地农民的一种帮扶。我希望通过谷仓咖啡的每家咖啡店，向城市里的人们传达：优质的原材料值得支付更好的价格。”

若夫通过长期频繁往返咖啡豆原产地的经历，得知一些咖啡豆种植者很少知道这些豆子将运输到哪些城市，也对其他城市接受各类咖啡豆的程度等反馈了解较少。于是若夫当起了行业讯息的传达者。若是赶上出国旅行，他会多买一些，带给肯尼亚常常合作的种植咖啡豆的农民，跟他们一起分享与探讨。

其他国家和城市的咖啡馆是若夫的旅行目的地。他曾到访过中国北京、中国台湾，以及日本和韩国的诸多咖啡店。他相信每种咖啡都有值得被推荐的价值。所以“最喜欢哪种咖啡”成为他最难回答的问题。“你可以想象一下，如果一位父亲有 5 个女儿，你若问他哪个最漂亮或是最喜欢哪个女儿，这将会是一个极难回答的问题。因为咖啡就像我口中所说的女儿一样，每个都很棒，每个都值得我为之骄傲。其实外界人士很难想象那些咖啡豆原产地的种植者有多么辛苦。每个原产地的景色真的非常美。”

“咖啡豆在烘焙前深受城市气候的影响。比如我们可以以德国的西红柿作为参照，它远不如产于意大利的西红柿。而咖啡的口感也一样有所不同。有的咖啡口感含有果味，这不仅仅涉及原产地，也与烘焙机器和方式有关。”若夫说。

一杯咖啡的原味离不开咖啡师坚实的技艺。“咖啡师若想让咖啡保持一流的品质，需要日复一日的坚持，任何人都是在不断变化的，所以通常我们需要咖啡师独自在机器旁训练 8 个月左右，我们把咖啡制作过程展现在客人眼前，这是一种非常严格的审查方式，每个人都知道你在做什么，运用怎样的工艺，不容许任何差错。”

相比在伦敦生活的日子，若夫认为在柏林要从容许多。“我觉得在柏林生活不会感到无聊，人们的心态也比较开放。柏林的生活气息非常浓厚，很多人来到这里是为了放慢生活的步调，把生活与工作平衡好。”

:n

09

五只大象咖啡店：咖啡也具有表达方式

32
33
34
48

Words: 兴晨
Photography: 五只大象咖啡店

Inhaber: 克里斯 · 沙克曼 (Kris Schackman)、索菲 · 维恩苏曼 (Sophie Weigensamer)
Address:Kreuzberg Cafe & Bakery,REichenberger Str. 101,10999 Berlin
Opening hours: 周一—周五 8:30—19:00 周六—周日 10:00—19:00
Web:https://www.fiveelephant.com

1995 年，五只大象咖啡店的创始人克里斯·沙克曼在 Rao's 店里喝到一杯咖啡。那款咖啡是斯科特 · 拉奥 (Scott Rao) 加入咖啡领域第一年烘焙的咖啡。出自这位资深咖啡师之手的咖啡，直接吸引了克里斯对咖啡与这一行业动向的关注。

克里斯曾从事电影和广告行业，参与过诸多著名电影的制作，如《世界大战》《蜘蛛侠 II》《博物馆之夜》，也曾在纽约生活了近 10 年。

2008 年，克里斯因工作契机前往伦敦，借机去拜访了同在伦敦但早已定居柏林的朋友。通过朋友之口，他发现对生活的种种向往与生活的种种可能性似乎能在柏林实现。于是 2009 年 2 月，他移居柏林。他在刚刚搬到柏林的第二个月时，认识了自己的妻子索菲·维恩苏曼。如今，夫妻二人是事业上的最佳搭档。

克里斯与索菲在一起后，共同创办过影视工作室，时常回到索菲的家乡度假，间或去其他城市旅行。那时，索菲对烘焙产生兴趣，并且发现当时的邻居是一位经历过第三次咖啡浪潮的咖啡师。这位邻居给索菲耐心讲解烘焙之道，最终索菲向丈夫克里斯建议他们应该自己创办一家结合烘焙的咖啡店。

2010 年，克里斯与索菲创办的第一家咖啡店五只大象诞生了。店铺坐落在克罗伊茨贝格区。店内供应新鲜咖啡以及面包。第一家店的目标是创造一种新风格，但基于 20 世纪 60 年代的想法，夫妇二人为了避免与过去几年开放的所有第三次咖啡浪潮的咖啡店的设计风格雷同，他们决定只使用水磨石和黄铜，并手工打造整个内饰，包括所有黄铜配件和定制水磨石。对于他们来说这是 6 个月的漫长过程。“那一年，我们在柏林是唯一在店内同时供应咖啡和面包的店铺，也就是那一年，这一做法为我们赢得了口碑。我们算是欧洲大陆的第一批注重推动质量的烘焙师，成了一个烘焙和打造更好咖啡的中心。”

店内标注着禁止使用笔记本电脑的提示——“前厅没有笔记本电脑”（No Laptops in the front room），“这来自索菲的想法。我们厌倦一整天工作，盯着屏幕不说话的状态。这种小提示会鼓励人们坐下来思考或谈话，还是挺有效的。当人们坐下来互相交流讨论时，那是一个咖啡店应该有的舒适氛围”。

2014 年，该店将烘焙空间扩大，从之前较小的咖啡店搬到了原址拐角处的更大的店里。同时把烘焙设备升级为 CR-25 Diedrich，烘焙产量随之大大提升。索菲担任着与世界各地同行们即时交流的角色，渐渐地为五只大象咖啡店融入社区属性。

咖啡店的第一批咖啡豆产自巴西和哥斯达黎加，克里斯与索菲一直与产地的种植者保持着密切的联系。随后，咖啡产地的选择逐渐扩展到巴西、萨尔瓦多、巴拿马和危地马拉。他们时常到肯尼亚和埃塞俄比亚实地考察。“我们与巴西和萨尔瓦多这两个主要产地合作，因为他们拥有德国销量最大的牛奶浓缩咖啡的优质原料。这是两家优秀的生产商。我们能够获得一些非常优质的过滤咖啡。

DIEDRICH

FIVE ELEPHANT.

AFRIKA VON DER KOLONISATION BIS ZUR UNABHÄNGIGKEIT

POUND
1/2 1
DIRECT TRADE *
EL SALVADOR
FILTER
- LA DIVINA PROVIDENCIA
- LAS NUBES HONEY
ESPRESSO
FILTER
ETHIOPIAN - WOTE
150 G 20.00
PANAMA ESMERALDA GEISHA
TATOOINE
COFFEE MENU
SINGLE ORIGIN
ICE COFFEE
- LATTE 3.40
- BLACK 3.00
AMERICANO / MACCHIATO
CAPPUCCINO/CORTADO
HOMEMADE:
-KUCHEN 2.90
-GRANOLA & JOGHURT 3.40
-BANANA BREAD 2.40
- BAGEL 3.00/2.20
- PASTRY 1.20/1.50

但大多数情况下，我们的工作思路是：甜味重、酸味重及果味重的这些类别的咖啡，都应该有所涉及。如果您在成为原产地的良好合作伙伴之前就直接推进工作，可能是不负责任的。重要的是，结合咖啡的品质，以合适的价格售卖咖啡。烘焙师不能全指望产地，决定一杯咖啡的价值和品质的关键也包括后期的烘焙技术，以尽量减少质量差的风险。

然而，对于专业烘焙师来说，制作咖啡要与生产线上的所有合作伙伴保持沟通，且品质一致是非常重要的，拥有多样化的产品线，给其他合作伙伴提供更多空间，同时专注于自己所负责的生产线的最高质量水平。”

出于业务需求，克里斯常常出差，这给他带来大量的推介机会。“我们所有的生产商都采取了很好的措施，确保他们的咖啡豆在正确的温度下，在适当的时间用最好的咖啡加工技术烘干。我们每年都会一起探讨，针对每种咖啡豆选择最佳的加工方式，这需要区分哪些应该作水洗、哪些作日晒、哪些作蜜处理、哪些作制浆或哪些作天然咖啡加工。有很多因素需要被正确把控，我们每一步都使用最好的工具来测量和校准。我们与合作方有共同的价值观，这可以从咖啡的品质中感受到。”

克里斯相信，咖啡具有表达方式。“原产地的风土，加工和运输都很重要。如果其中任何环节出现问题，咖啡豆在到货时可能品质就不够好，或者比预期更快变坏。在烘焙过程中，我们尽量不限制咖啡豆的表达方式。主要的核心目标是在咖啡中品尝出清新的甜味，当然我们想让品尝过我们咖啡的人都变成回头客。”

:in

BRLO：
集装箱中的啤酒工坊

BRLO
BRWHOUSE

in2_berlin

Words: 兴晨
Photography: Seren Dal

Inhaber: 凯特琳娜 · 库尔兹（Katharina Kurz）、克里斯琴 · 拉泽（Christian Laase）、迈克尔 · 伦布克（Michael Lembke）
Address: Schöneberger Straße 16，10963 Berlin
Opening hours: 周二—周五 17:00—00:00
周六—周日 12:00—00:00
Web: http://www.brlo.de

啤酒工坊 BRLO 成立于 2014 年，在 2017 年相继对外开放餐厅和酿造工厂参观。啤酒工坊整体由 38 个集装箱组成。

BRLO 在古斯拉夫语中意为“柏林”，如今这家综合型啤酒馆由凯特琳娜 · 库尔兹、克里斯琴 · 拉泽、迈克尔 · 伦布克共同经营。

三位创始人各有来路，并各自在啤酒以外的领域中拥有不同经历。凯特琳娜就读于德国欧洲商学院，学习国际经济学，曾为贝塔斯曼传媒公司工作。分别在纽约、上海、柏林和巴黎等城市工作过 6 年，辞职后回到大学攻读博士学位，于 2014 年毕业。对于精酿啤酒的热情，是源于在美国期间接触到的精酿啤酒浪潮和各种类型的啤酒，毕业后为别人打工，在 2014 年创业。合伙人克里斯琴 · 拉泽是她的大学同学，另外一位是精酿大师迈克尔 · 伦布克。

在凯特琳娜着迷于美国的工艺啤酒时期，克里斯琴·拉泽恰好也在他父亲的影响下，开始接触精酿啤酒的酿造技术。当两人回到德国见面后，一拍即合，后来专业酿酒师迈克尔·伦布克加入，经过紧锣密鼓的筹备后，他们成立了 BRLO。

店内现在有几种啤酒类型：BRLO 无酒精啤酒、BRLO 淡啤酒、BRLO 麦酒、BRLO 德国淡艾尔啤酒、BRLO 红灯啤酒、BRLO 波特啤酒、BRLO 柏林酸啤酒。迈克尔·伦布克会定期开发特殊酿造的啤酒，如“迈克尔·伦布克”，其原料来自加拿大，并在其中加入皮尔森啤酒，这款酒还未面世。新开发的酒，在正式量产前都会进行短期的限量供应。

柏林是一个不断变化的城市，起初 BRLO 所处的三角铁路站公园面临重新规划，3 个创始人不得不寻找新的地点，于是建立新空间的想法就应运而生，3 个人考虑是否可以尝试做一个可移动式的空间，能自由组合和转移。由于这是第一次建造这么大规模的集装箱建筑，他们面临了相当大的挑战，但设想最终变成了现实。建筑设计是由 Graft Architects 团队完成的，他们也因此获得了 2017 年凡尔赛设计大奖的欧洲最佳餐厅设计。如今，BRLO 不仅室内空间得到充分利用，在室外还设置了专属的在夏天开放的啤酒花园，可以同时容纳超过 300 位客人。

在过去的 5 年里，柏林的餐饮行业得到巨大发展，很多新餐馆或新概念的餐饮机构、酒吧陆续开放。精酿啤酒也在其中，而且米其林星级主厨也逐渐认可精酿啤酒可以成为不错的美食搭配，并开始在他们的餐厅里供应各种精酿啤酒。BRLO 是这改变中的一部分，也为柏林餐饮行业增加了更多丰富的品类。

在 3 位创始人看来，柏林具有各种可能性。“在这座城市的发展历史中，发生了太多重要转折和变化，很多人已经在变化中，转变为接纳、自由的生活方式和价值观。这也是为什么柏林是新概念和创新想法的完美试验田，因为柏林人开放的思想，使他们随时准备尝试开些新的餐厅，并把其他新奇的体验融入其中。”

从左至右依次为：迈克尔·伦布克、凯特琳娜·库尔兹、克里斯琴·拉泽

出品人 Producer→肖异 XIAO Yi 出版人 Publisher & 总编辑 Chief editor→兴晨 XING Chen 艺术指导 AD→马仕睿 MA Shirui

单读 PRINT ISSUE NO.2
柏林，生活之所以动人

零售名录

网站	亚马逊／当当网／京东／文轩网／博库网	山东	青岛书城／济南泉城新华书店
天猫	中信出版社淘宝旗舰店／博文书集图书专营店／墨轩文阁图书专营店／唐人图书专营店／新经典一力图书专营店／新视角图书专营店／新华文轩网络书店	山西	山西尔雅书店 ／ 山西新华现代连锁有限公司图书大厦
北京	三联书店／Page One 书店／单向空间时尚廊／字里行间／中信书店／万圣书园／王府井书店／西单图书大厦／中关村图书大厦／亚运村图书大厦	湖北	武汉光谷书城 ／ 文华书城汉街店
上海	上海书城福州路店／上海书城五角场店／上海书城东方店／上海书城长宁店／上海新华连锁书店港汇店／季风书园上海图书馆店／“物心”K11 店（新天地店）	湖南	长沙弘道书店
广州	广州方所书店／广东联合书店／广州购书中心／广东学而优书店／新华书店北京路店	天津	天津图书大厦
深圳	深圳西西弗书店／深圳中心书城／深圳罗湖书城／深圳南山书城	安徽	安徽图书城
江苏	苏州诚品书店／南京大众书局／南京先锋书店／南京市新华书店／凤凰国际书城	江西	南昌青苑书店
浙江	杭州晓风书屋／杭州庆春路购书中心／杭州解放路购书中心／宁波市新华书店	云贵川渝	成都方所书店／贵州西西弗书店／重庆西西弗书店／成都西西弗书店／文轩成都购书中心／文轩西南书城／重庆书城／重庆精典书店／云南新华大厦／云南昆明书城／云南昆明新知图书百汇店
河南	三联书店郑州分销店／郑州市新华书店／郑州市图书城五环书店／郑州市英典文化书社	东北地区	大连市新华购书中心／沈阳市新华购书中心／长春市联合图书城／新华书店北方图书城／长春市学人书店／长春市新华书店／哈尔滨学府书店／哈尔滨中央书店／黑龙江省新华书城
广西	南宁西西弗书店／南宁书城新华大厦／南宁新华书店五象书城／南宁西西弗书店	西北地区	甘肃兰州新华书店西北书城／甘肃兰州纸中城邦书城／宁夏银川市新华书店／新疆乌鲁木齐新华书店／新疆新华书店国际图书城
福建	厦门外图书城／福州安泰书城	机场书店	杭州萧山国际机场中信书店／福州长乐国际机场中信书店／西安咸阳国际机场 T1 航站楼中信书店／福建厦门高崎国际机场中信书店